DAS »MOTTO AM FLUSS« KOCHBUCH

FROM SUN SET TO SUN RISE

FOOD, DRINKS & MUSIC

Brandstätter

Inhalt

8 Sharing a meal is caring about details.
Bernd Schlacher

18 Afternoon Sweets

48 Snacks & Aperitif

76 Dinner

148 Cocktails

172 Breakfast

208 Das Motto am Fluss
220 Team
221 Register
223 Impressum

Sharing a meal is caring about details.

BERND SCHLACHER

Ich mag das angenehme Gefühl von Leichtigkeit, das die Abendstunden mit sich bringen. Wenn nichts mehr unbedingt muss, aber alles kann. Wenn alle die Zeit vergessen, nicht auf die Uhr und das Handy sehen und einfach auf sich zukommen lassen, was immer der Abend noch für sie bereithält.

Das Abendessen mit Freunden und Familie ist meine liebste Mahlzeit und für mich der Höhepunkt des Tages. Damit meine ich nicht das Schnell-etwas-Essen, wie es hierzulande oft lieblos und nebenbei praktiziert wird, ich halte es eher mit den Italienern und Spaniern. Im Süden trifft man sich in großer Runde und sitzt auch einmal vier oder fünf Stunden zusammen. Es wird gegessen, geplaudert, gelacht, und die gemeinsame Zeit wird richtig zelebriert. Ein gewisser Trubel gehört für mich zum Essen einfach dazu. Was ist ein Esstisch, wenn nicht Sinnbild für Kommunikation? Bei mir zuhause ist er der Mittelpunkt der Wohnung, der immer zum Einsatz kommt, ob wir Gäste haben oder nur eine Kleinigkeit mit den Kindern essen.

Das Restaurant sehe ich gerne als eine Bühne und die Gäste als Schauspieler. Wenn wir das *Motto am Fluss* aufsperren, heißt es „Bühne frei!" und jeder darf mit seiner Rolle beitragen, was er möchte. Die einen suchen die Aufmerksamkeit, andere sind lieber Zuschauer. Fest steht: Je mehr mitspielen, umso lustiger ist es am Abend. Die Energie daraus nehmen wir mit in die Nacht und in den nächsten Tag. Man könnte sagen, ein guter Tag fängt mit einem guten Vorabend an. Oder anders ausgedrückt: Die Sonne muss erst untergehen, damit sie wieder aufgehen kann. Genau damit beginnt dieses Buch.

FROM SUNSET TO SUNRISE

Den Anfang am Nachmittag machen die beliebtesten Mehlspeisen aus unserer Patisserie, gefolgt von Ideen für den wohlverdienten Sundowner, zu dem kreatives Fingerfood die perfekte Ergänzung bildet. Ein derartig entspannter Feierabend ist die ideale Vorlage für ein Dinner in geselliger Runde, bei dem im besten Fall neben richtig gutem Essen auch eine liebevolle Dekoration auf den Tisch kommt. Wirklich lustig wird es meist erst nach Mitternacht – mit unseren Lieblingscocktails und dem passenden Party-Soundtrack auch schon davor. Zum Abschluss haben wir unsere begehrtesten Frühstücks-Rezepte zusammengestellt – denn die besten Abende enden erfahrungsgemäß in einem ausgedehnten Frühstück.

Viel Spaß damit!

BERND SCHLACHER

Creating a motto to live by

VORWORT

VORWORT

Es gibt etwas an der Stadt, ihrer Energie und ihren Menschen, das mich fasziniert. Das war schon mit fünfzehn so, als ich unter der Auflage, dass ich wie mein Vater einen Beruf bei der Eisenbahn erlerne, nach Wien gekommen bin. Die Steiermark war meine Kindheit, aus der ich in gewisser Weise herausgewachsen bin. Ich wollte Abenteuer erleben, Neues entdecken und die große weite Welt kennenlernen. Verglichen mit Knittelfeld kam Wien meiner Vorstellung von dieser schon relativ nahe. Ich konnte herumstreunen, mir meine neue Stadt und ihre Einwohner in Ruhe ansehen. Das verschlafene, graue Wien von damals hatte freilich wenig mit der bunten, internationalen und liberalen Stadt von heute gemein. Dasselbe gilt für die hiesige Lokalszene, von der Mitte der 80er noch viel zu wenig da war, als dass man sie überhaupt als solche hätte bezeichnen können. Trotzdem hat sie mich von Anfang an gereizt, ganz im Gegensatz zum Berufsbild eines Elektromechanikers, der ich auf dem besten Weg war zu werden. Ich bin kein Techniker, ich bin durch und durch Gastgeber. Der Umgang mit Menschen, für Gäste dasein, das hat mir schon als Jugendlicher sehr viel Spaß gemacht, wenn ich in den Sommerferien mein Taschengeld mit Kellnern und Schnitzelpanieren am Österreichring aufgebessert habe. Die Begeisterung dafür hab ich mir nicht ausgesucht, ich hab es einfach geliebt. Rückblickend ist es also wenig verwunderlich, dass ich gleich nach dem Abschluss meiner Lehre der Eisenbahn gekündigt habe und dem Ruf der Gastronomie gefolgt bin. Man muss wissen, wer man ist oder wenigstens, wer man nicht ist – das ist mir zum Glück recht früh bewusst geworden. Als ich mich mit zweiundzwanzig selbstständig gemacht habe und bei allen Lokalen, die ich später geführt habe, war mir deshalb eines besonders wichtig: dass ich „Meines" mache und mich damit identifizieren kann. Das ist so ähnlich, wie wenn man als Kind sein Zimmer einrichtet und mit Postern dekoriert. Während bei mir damals Kiss prangte, hatte meine Schwester Boney M. und ABBA hängen. Der Unterschied ist, dass sich die Gestaltung eines Lokals nicht so einfach rückstandslos abziehen und von heute auf morgen ersetzen lässt, wenn sich die Zeiger der Trenduhren weiterdrehen. Mein Bewusstsein und meine Wertschätzung für das Zeitlose haben sich über meine dreißig Jahre in der Gastronomie verändert. Heute würde ich kein Szenelokal mehr eröffnen, das sich alle paar Jahre neu erfinden muss, stattdessen liegt mir daran, Klassiker zu schaffen, die Bestand haben und nachhaltig sind. Ein wahrer Klassiker ist Venedig für mich. Ich mag Orte am Wasser und da das *Motto am Fluss* direkt am Donaukanal liegt und zum Teil über dem Kanal schwebt, lag es für mich nahe, die venezianischen 50er dafür zum Vorbild zu nehmen. In den gemütlichen Loungemöbeln in sanftem Braun, Rot und Blau, umgeben von Kirschholz und dem schwarzweiß gemusterten Fliesenboden, werde ich auch, wenn ich einmal in Pension gehe, noch gerne sitzen. Am liebsten an einem Fenstertisch mit Blick aufs Wasser oder auf der Terrasse, wo ich der Sonne hinterherwandern kann.

EIN GASTGEBER GIBT

Bei allem, das ich angefangen habe, stand für mich immer im Vordergrund, dass es Spaß macht –

mir und meinen Gästen. Ich erinnere mich an ein Erlebnis mit Freunden in einem gehobenen Wiener Traditionsrestaurant. Wir alle waren so stolz auf unsere schönen, neuen Sakkos… sollten es aber nicht lange bleiben. Kaum angekommen, bat man uns höflich, aber bestimmt, Krawatten zu tragen, die wir uns vor Ort ausleihen mussten. Müssen und Sollen machen aber in den seltensten Fällen Spaß. Ob ich mich an einen bestimmten Dresscode halten muss, um willkommen zu sein, etwas zu essen bestellen soll, wo ich eigentlich nur etwas trinken möchte oder mir das Lachen verkneifen muss, weil sich das in einem stillen Restaurant nicht gehört: Ich werde nicht gerne bevormundet und möchte das auch meinen Gästen nicht zumuten. Wenn ich

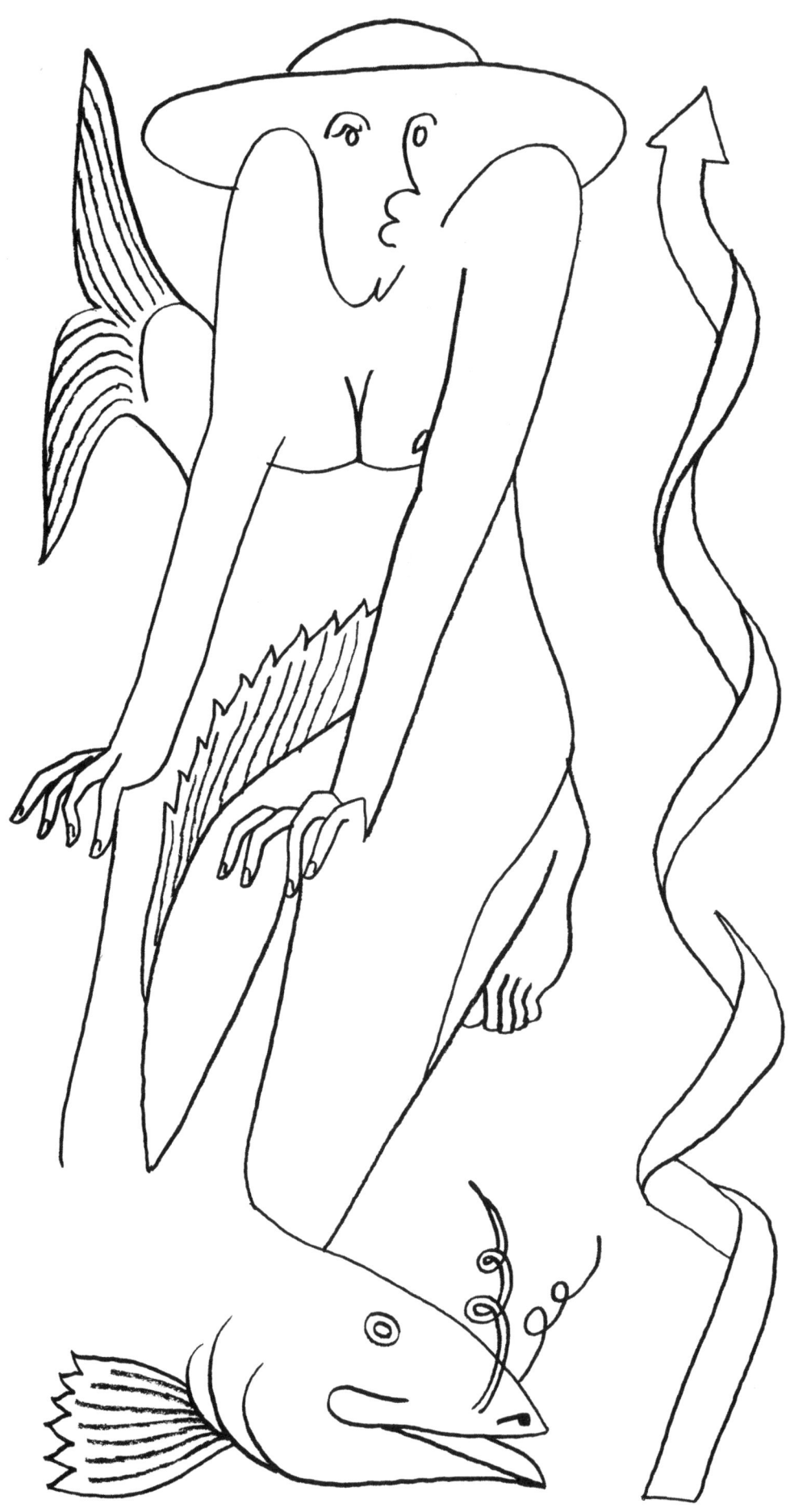

VORWORT

einen Dolmetscher für die Speisekarte brauche und vor lauter Besteck und Gläsern zu den einzelnen Gängen keinen Platz mehr habe, wird es anstrengend. Ein guter Gastgeber lässt seine Gäste Gäste sein und kümmert sich mit viel Liebe zum Detail darum, dass sie sich wohlfühlen und aus sich herauskommen. Dafür sind das Ambiente, die Musik, das Angebot und vor allem die Mitarbeiter ausschlaggebend, aber auch, dass man sich laufend weiterentwickelt und die Dinge nicht einfach laufen lässt. Wenn mir dazu die Zeit fehlt, brauche ich es gar nicht erst zu machen, denn dann fehlt auch die Liebe, das gewisse Etwas und meine persönliche Handschrift. Das war mit ein Grund, warum ich das *Motto* nach 24 Jahren abgegeben

habe und mich heute voll und ganz dem *Motto am Fluss*, der *Halle* im Museumsquartier und dem MOTTO-Catering widme, statt gleichzeitig meinen vielen anderen Ideen nachzugehen, deren Verwirklichung in diesem Leben nicht mehr möglich sein wird.

Gastgeber sein hat in erster Linie mit Geben zu tun. Da steckt viel Arbeit dahinter, die der Gast an der Bar und bei Tisch im Idealfall gar nicht bemerkt. Gastronom ist einer der härtesten Jobs, die es gibt, zugleich aber auch einer der befriedigendsten, wenn viele Gäste zu Stammgästen werden, sich persönlich, in einem Brief oder mit einer Postkarte für den schönen Abend bedanken.

FAMILIENBANDE

Eine Familie lebt davon, dass man Zeit miteinander verbringt und viel gemeinsam unternimmt. So gesehen ist es ganz natürlich, dass meine Kollegen und Gäste, mit denen ich in der Gastronomie fast 365 Tage im Jahr verbringe, zu einer Art Großfamilie für mich geworden sind. Zu Zeiten, als ich nur ein Lokal mit 30 Mitarbeitern hatte, haben wir Geburtstage und Weihnachten gemeinsam gefeiert und anschließend für Gäste geöffnet. Im Laufe der Jahre hat sich dieser Kreis verkleinert und inzwischen ist eine richtige Familie daraus geworden. Meine Zweitfamilie aus dem *Motto,* zu der ich viele Stammgäste von früher zähle, möchte ich trotzdem nicht missen.

EASY GOING WIE IBIZA

Ich muss einmal in die Welt hinaus, dann komme ich gerne wieder zurück. So geht es mir auch, wenn ich alle zwei Monate für ein langes Wochenende nach Ibiza flüchte. Die Insel hat eine ganz bestimmte Energie, die sich wie die meisten intensiven Gefühle nicht beschreiben lässt, die man spüren muss. Wenn ich mich auf Ibiza aufs Land zurückziehe und Zeit in der Natur verbringe, stellt sich dieses angenehme, leichte Lebensgefühl von ganz allein ein. Die Leute sind lässig, es gibt keinen Stress und fühlt sich ein bisschen wie Kind sein an. Ausschließlich auf dem Land könnte ich aber selbst auf Ibiza nicht leben. Lieber bringe ich ein Stück von dieser einmaligen Energie und dem „easy going Lifestyle" mit nach Wien. Im *Motto am Fluss*, bei unseren Caterings, mit unseren Lieblingsrezepten, den Playlists und Deko-Ideen in diesem Buch lässt sich das, was ich unter purer Lebensfreude verstehe, besser schmecken, hören und spüren, als Worte es beschreiben können.

FROM SUNSET TO SUNRISE

From
chats

over
coffee

to confessions
over cake.

AFTERNOON SWEETS

Flammkuchen mit Mandelcreme und glasierten Äpfeln

ZUTATEN

Flammkuchenteig (s. S. 52, alternativ fertig gekauft)

MANDELCREME
100 g Butter
100 g Puderzucker
1 Ei
100 g Mandelmehl
70 g Mehl

GLASIERTE ÄPFEL
5 mittelgroße Äpfel
20 g Butter
20 g brauner Zucker
Saft von 1 Zitrone

ZUBEREITUNG

Für die Creme Butter mit Puderzucker schaumig schlagen. Ei dazugeben und weiterschlagen. Mandelmehl und Mehl vermischen und ebenfalls unterheben.

Äpfel entkernen und in feine Spalten schneiden. Butter und Zucker in einer Pfanne leicht karamellisieren und die Äpfel dazugeben. So lange schwenken, bis alle Apfelspalten von jeder Seite glasiert wurden. Mit Zitronensaft ablöschen und durch ein Sieb gießen.

Flammkuchenteig in einen Tortenring drücken, mit der Mandelmasse bestreichen und die Äpfel darauf verteilen. Den überstehenden Rand des Teiges etwas einschlagen und den Kuchen bei 180 Grad ca. 20 Minuten backen. Herausnehmen, auskühlen lassen und servieren.

Rezept für 1 Tarte mit 26 cm
30 min

Lemontartelettes

ZUTATEN

MÜRBTEIG
230 g Mehl plus Mehl zum Arbeiten
80 g Puderzucker
1 Pkg. Vanillezucker
150 g klein gewürfelte kalte Butter
Prise Salz
1 Ei
1 Eigelb
70 g geriebene Mandeln
ca. 200 g getrocknete Hülsenfrüchte (z.B. Bohnen oder Linsen) für das „Blindbacken"
Fett für die Förmchen

ZITRONENCREME
4 Eier
190 g Zucker
1,5 Blatt Gelatine
150 g Zitronensaft
300 g Butter

MERINGUE
25 g Trimolin (im Konditoreibedarf erhältlich)
100 g Glucose
50 g Eiweiß

ZUBEREITUNG

Für den Mürbteig Mehl, Puderzucker, Vanillezucker, Butter, Salz, Ei, Eigelb und Mandeln rasch zu einem glatten Teig verkneten. In Frischhaltefolie wickeln und ca. 1,5-2 Stunden kühlstellen.

Tarteformen leicht einfetten. Teig nochmal kurz durchkneten und auf einer leicht bemehlten Arbeitsfläche auf Tarteformgröße dünn ausrollen. Teig in die Tarteform einlegen, gut andrücken (auch am Rand). Überstehenden Teig abtrennen, wieder zusammenkneten, wieder ausrollen. Mit allen Förmchen so fortfahren.

Böden mehrmals mit einer Gabel einstechen. Ein Stück Backpapier darauflegen, mit getrockneten Hülsenfrüchten bedecken und im auf 180 Grad vorgeheizten Ofen auf mittlerer Schiene ca. 15 Minuten goldgelb backen. Hülsenfrüchte und Backpapier wieder entfernen und den Mürbteig auskühlen lassen.

Für die Creme Eier und Zucker in einer Metallschüssel verrühren, Gelatine in kaltem Wasser einweichen und im erwärmten Zitronensaft auflösen. Gelatinegemisch zu den Eiern geben. Über dem Wasserbad zur Rose abziehen. Butter mit einem Pürierstab einmixen. Creme in die ausgekühlten Tartes einfüllen und evtl. etwas glattstreichen. Für ein feineres Ergebnis die fertigen Tartes noch 2 Stunden kalt stellen.

Trimolin und Glucose aufkochen. Eiweiß steif schlagen und die heiße Glucosemischung langsam bei laufender Maschine einlaufen lassen. Baisermasse auf die Tartes spritzen und mit einem Flämmer abflämmen.

Rezept für ca. 10 Tartelettes mit 10 cm
30 min, ca. 4 Stunden Kühlzeit

Schlachertorte

ZUTATEN

TORTENBÖDEN
500 g Butter
610 g Zucker
570 g Eigelb
40 g geriebene und geröstete Haselnüsse
120 g Kakao
85 g Eiweiß

FÜLLUNG
70 g Apricotnappage (im Konditoreibedarf erhältlich, ersatzweise Aprikosenmarmelade nehmen)
20 g Praliné-Masse (im Konditoreibedarf erhältlich)

SCHLACHERGLASUR
60 g Kakao
180 g Zucker
145 g Wasser
120 g Sahne
9 g Glucose
14 g Gelatine

ZUBEREITUNG

Für die Böden Butter mit 570 g Zucker schaumig schlagen, Eigelb nach und nach dazugeben. Die Nüsse mit Kakao vermischen. Eiweiß mit den restlichen 40 g Zucker zu steifem Schnee schlagen. Jetzt abwechselnd Nuss-Kakao-Mischung und Eischnee unter die Butter-Zucker-Eigelb-Mischung heben. Masse in einen mit Backpapier ausgekleideten Tortenring füllen und 1 Stunde 45 Minuten bei 150 Grad im vorgeheizten Ofen backen.

Sobald der Kuchen fertig gebacken ist, herausnehmen, 5 Minuten auskühlen lassen. Vorsichtig aus dem Tortenring schneiden/drücken und komplett auskühlen lassen. Sobald der Kuchen kalt ist, zweimal horizontal durchschneiden.

Für die Füllung Apricotnappage und Praliné-Masse vermischen und pro Tortenboden insgesamt 45 g Masse verteilen.

Für die Glasur Kakao mit Zucker vermischen und mit Wasser glattrühren. Sahne zugeben und zum Kochen bringen, Glucose einrühren und die zuvor in kaltem Wasser eingeweichte Gelatine gut ausdrücken und in der warmen Glasur auflösen.

Schlachertorte glasieren und in 16 Stücke schneiden.

DEKO-TIPP
Das besondere Merkmal der Schlachertorte ist der Goldstaub: eine Messerspitze Goldstaub über die glasierte Torte blasen (nicht zu weit weg von der Torte, damit der Staub auf die Torte fällt).

Rezept für 1 Torte mit 26 cm
2 Stunden 30 min

Vegane Key Lime Pie mit Limetten und Brombeeren

ZUTATEN

CRUNCH-BODEN
600 g Cashewkerne
300 g Kokosflocken
350 g entsteinte Datteln
1 TL Salz

CREME
2 große entsteinte und geschälte Avocados
530 g Cashewkerne
240 g geschmolzenes Kokosöl
120 g frisch gepresster Limettensaft
240 g Agavendicksaft
Mark von 1 Vanilleschote
Prise Salz
Zesten von 2 Limetten

DEKO
2 Tassen Brombeeren
4 Passionsfrüchte

ZUBEREITUNG

Alle Zutaten für den Boden miteinander vermengen und in einem Mixer oder mit einem Messer fein hacken. Die Masse sollte klebrig sein. Auf ein Blech mit hohem Rand streichen und gut andrücken.

Alle Zutaten für die Creme zu einem feinen Püree mixen. Falls kleine Stückchen in der Masse bleiben, einmal durch ein Sieb streichen. Masse auf dem Crunch-Boden verteilen und tiefkühlen.

Wenn die vegane Key Lime Pie komplett durchgefroren ist, in die gewünschte Formen schneiden oder Formen ausstechen. Mit Brombeeren und Passionsfrüchten dekorieren.

30 min, ca. 2 Stunden Kühlzeit

AFTERNOON SWEETS

Cheesecake

ZUTATEN

MÜRBTEIG
200 g Butter
100 g Puderzucker
300 g Mehl
1 Ei

BODEN
ca. 650 g gebackener,
gecutterter Mürbteig (s.o.)
150 g flüssige Butter
100 g Zucker
Prise Zimt

FÜLLUNG
1 kg Frischkäse
340 g Zucker
340 g Eier
90 g saure Sahne
30 g Sahne
25 g Zitronensaft

ZUBEREITUNG

Für den Teig Butter und Puderzucker mit dem Flachrührer glatt rühren, Mehl und Ei zugeben. Nicht zu lange kneten, er kann sonst brandig werden. In Klarsichtfolie wickeln und ca. 1,5 Stunden kaltstellen. Im auf 180 Grad vorgeheizten Ofen 10 Minuten backen. Auskühlen lassen und cuttern.

Alle Zutaten für den Boden in der Rührmaschine mischen. Ein Blech vorbereiten, Alufolie, Backpapier und einen großen Rahmen darauflegen. Masse gleichmäßig im Rahmen verteilen und festdrücken. Die Alufolie an den Seiten des Rahmens hinauffalten und etwas darüber falten, damit nichts ausläuft. 10 Minuten im vorgeheizten Ofen bei 175 Grad backen. Abkühlen lassen.

Für die Füllung Frischkäse mit Zucker verrühren, dann alle anderen Füllungs-Zutaten einrühren. Nicht zu lange rühren. Füllung auf den Boden im Rahmen verteilen. 1 Stunde bei 100 Grad im vorgeheizten Ofen backen. Wackeltest machen: Der Kuchen soll noch leicht wackeln, solange er warm ist. Wackelt er auch in abgekühltem Zustand, nochmals einige Minuten backen.

Rezept für 1 Torte mit 28 cm
1,5 Stunden, ca. 1,5 Stunden Kühlzeit

Playlist N°1

Afternoon Sweets

1. YAEL NAIM – WALK WALK (20SYL REMIX)
2. DONNIE – DO YOU KNOW
3. GECKO TURNER – YOU CAN'T OWN ME
4. NEKTA – LONG STORY
5. JACOB GUREVITSCH – MEXICAN MARGARITA
6. KYLIE AULDIST – IN A WEEK, IN A DAY (ASHLEY BEEDLE'S STREETSOUL EDIT)
7. MAX SEDGLEY – SLOWLY (MISTER LONG REMIX)
8. GEORGE MICHAEL & MARY J. BLIGE – AS
9. INDIA MARTINEZ – HOY
10. LADY L – LOVES MASTER PLAN
11. CLUB DES BELUGAS FEAT. IAIN MACKENZIE – WEARING OUT MY SHOES
12. MAYER HAWTHORNE – THE WALK
13. HIRD – KEEP YOU KIMI
14. QUANTIC FEAT. ALICE RUSSELL – SWEET CALLING
15. GEORGE BENSON – WHEN LOVE COMES CALLING
16. RHYE – 3 DAYS
17. PAJARO SUNRISE – AUTOMATIC
18. CHET FAKER – NO DIGGITY
19. THE ELDER STATESMAN – MONTREUX SUNRISE (TEE CARDACI'S IPANEMA SUNRISE REMIX)
20. THE KENNETH BAGER EXPERIENCE – I WISH I COULD BE HAPPY (CHILL OUT MIX)

A little sophisticated and sassy, electronic but very stylish.

find the playlist on spotify
« fromsunsettosunrise » by mottoamfluss

Nude Cake

ZUTATEN

TORTENBÖDEN
300 g zimmerwarme Butter
300 g Zucker
6 Eier
300 g Mehl
3 TL Backpulver
Mark von 1 Vanilleschote

FÜLLUNG
120 g Mascarpone
240 g Quark
40 g Puderzucker
Saft und Zesten von 2 Zitronen
Mark von 1 Vanilleschote

DEKO
frische Beeren
gehobelte geröstete Mandeln

ZUBEREITUNG

3 gleich große Tortenformen mit Backpapier auslegen.

Für die Böden Butter und Zucker schaumig schlagen. Eier ganz langsam nach und nach zugeben (weiterhin schlagen). Mehl und Backpulver vermischen und ebenfalls nach und nach unter die Butter-Ei-Masse heben. Zuletzt das Vanillemark sorgfältig unterrühren. Teig gleichmäßig auf die Tortenformen aufteilen und glattstreichen. Im auf 180 Grad vorgeheizten Ofen ca. 40 Minuten backen. 5 Minuten auskühlen lassen, dann vorsichtig aus der Form drücken/schneiden, auf ein Kuchengitter legen und abkühlen lassen.

Für die Füllung alle Zutaten miteinander glattrühren, abdecken und im Kühlschrank auskühlen lassen.

Böden auf eine Kuchenplatte legen und mit je einem Drittel der Füllung bestreichen. Einen der Böden anschließend mit Beeren belegen und mit Mandeln bestreuen. Böden aufeinanderschichten, der mit Beeren belegte Boden bildet den Abschluss.

Rezept für 1 Torte mit 15 cm
1 Stunde

AFTERNOON SWEETS

Veganer Müsliriegel

ZUTATEN

100 g getrocknete Feigen
100 g getrocknete Cranberrys
50 g Kürbiskerne
50 g Rosinen
50 g Haselnüsse
50 g Sonnenblumenkerne
2 geraspelte Äpfel
150 g Mehl
150 g Haferflocken
250 ml Wasser
5 EL Sonnenblumenöl
5 EL Agavendicksaft
Salt
Prise Zimt

ZUBEREITUNG

Alle Zutaten grob hacken und auf ein mit Backpapier belegtes Backblech streichen. Bei 200 Grad im vorgeheizten Ofen ca. 40 Minuten backen und noch warm in die gewünschte Form schneiden (4 x 10 cm).

Rezept für 8 Riegel
1 Stunde

Zwetschken-Pie

ZUTATEN

TEIG
300 g Mehl
1 MS Backpulver
100 g Zucker
1 Eigelb
180 g weiche Butter

Fett für die Form

BELAG
1 kg Zwetschken
100 g Zucker
½ Zimtstange
3 EL Rum
3 EL Speisestärke
50 g gemahlene Mandeln

ZUM FINALISIEREN
1 Eigelb
2 EL Milch
Puderzucker zum Bestreuen

ZUBEREITUNG

Alle Teigzutaten miteinander verkneten. Abgedeckt ca. 1 Stunde kaltstellen.

Für den Belag Zwetschken waschen, halbieren, entsteinen und vierteln. Die Hälfte davon mit Zucker, Zimtstange und Rum in einen Topf geben, mischen. 1 Stunde ziehen lassen.

Anschließend ca. 3 Minuten kochen. Speisestärke und 4 EL Wasser verrühren, Zwetschken damit binden, aufkochen. Auskühlen lassen. Zimtstange entfernen.

Zwei Drittel des Teiges auf dem gefetteten Boden einer Springform ausrollen. Springformrand darumsetzen. Teig am Rand etwas hochdrücken. Boden mehrmals mit einer Gabel einstechen. Hälfte der Mandeln darauf verteilen. Gedünstete Zwetschken darauf verteilen. Mit restlichen Mandeln bestreuen.

Restlichen Teig ca. 4 mm dick ausrollen und Pie damit belegen. Den Rand etwas andrücken. Eigelb und Milch verquirlen. Teigdeckel damit bepinseln. Im vorgeheizten Backofen bei 175 Grad ca. 70 Minuten backen.

Pie auskühlen lassen, aus der Form lösen und mit Puderzucker bestreuen.

Rezept für 1 Torte mit 26 cm
70 min

From calming down after the day to fueling up for the night.

SNACKS & APERITIF

SNACKS & APERITIF

Ofensüßkartoffeln mit Feigen

ZUTATEN

OFENSÜSSKARTOFFELN
3 Süßkartoffeln
5 EL Olivenöl
je 1 Zweig Rosmarin und Thymian
2 Knoblauchzehen
Salz
Cayenne
Kreuzkümmel

FEIGEN
8 frische Feigen
30 ml Honig
60 ml roter Portwein
je 2 Zweige Rosmarin und Thymian

30 ml dunkler Balsamico
120 g Schafkäse

DEKO
Blutampfer

ZUBEREITUNG

Süßkartoffeln ungeschält sechsteln. Auf ein mit Backpapier belegtes Blech legen, mit Olivenöl, gezupften Kräutern, angedrücktem Knoblauch, Salz, Cayenne und Kreuzkümmel gut vermischen. Ca. 20 Minuten im auf 180 Grad vorgeheizten Ofen braten.

In der Zwischenzeit Feigen vierteln und in Honig karamellisieren. Mit Portwein ablöschen, mit den Kräutern verfeinern.

Feigen und Süßkartoffeln anrichten, mit Balsamico beträufeln, Käse drüber krümeln. Mit Blutampfer dekorieren.

TIPPS

Wir verwenden für dieses Gericht 30 Jahre alten Balsamico, der schon etwas zähflüssiger ist.

Mit Sojajoghurt statt Schafkäse sind die Süßkartoffeln auch für Veganer geeignet.

Motto-Tarte mit grünem Spargel und Ziegenricotta

ZUTATEN

FLAMMKUCHENTEIG
2 EL Öl
125 ml Wasser
Prise Salz
250 g Mehl plus Mehl zum Arbeiten

BELAG
10 dicke grüne Spargelstangen
1 rote Zwiebel
200 g Ziegenricotta
Salz
Pfeffer
1 Knoblauchzehe
Zitronensaft zum Würzen
Olivenöl zum Beträufeln

ZUBEREITUNG

Für den Teig alle Zutaten in eine Rührschüssel geben und mit dem Flachrührer zu einem geschmeidigen Teig verkneten. Abgedeckt 10 Minuten im Kühlschrank ruhen lassen.

In der Zwischenzeit den Spargel schälen und das untere Drittel des Spargels abschneiden. Geschälten Spargel der Länge nach vierteln. Zwiebel schälen und in feine Ringe schneiden.

Ricotta glattrühren und mit Salz, Pfeffer, gepresstem Knoblauch und Zitronensaft verfeinern.

Teig auf der mit Mehl bestäubten Arbeitsfläche dünn ausrollen und auf Backpapier legen. Mit Ricotta, Spargel und Zwiebel belegen. Im auf 220 Grad vorgeheizten Ofen ca. 15 Minuten backen. Nach dem Backen mit Olivenöl beträufeln.

TIPP
Den Belag kann man nach Belieben variieren. Ich lege sehr gern noch halbierte Kirschtomaten und dünn geschnittenen Prosciutto dazu.

25 min

Steaksandwich mit Motto-Ketchup und homemade Wedges

ZUTATEN

SANDWICHES
4 Rinderfiletsteaks à 150 g
Meersalz
grober Pfeffer
Olivenöl zum Braten
Butter zum Braten
je 2 Zweige Rosmarin und Thymian
1 Knoblauchzehe
2 Baguettes

WEDGES
5 große mehlige Kartoffeln
Öl zum Frittieren
Wedges-Salz (s. Tipp)

KETCHUP
6 Tomaten
3 rote Zwiebeln
1 EL Ahornsirup
3 EL Tafelöl
30 g Tomatenmark
1 TL edelsüßes Paprikapulver
Cayenne
1 fein geschnittene Chilischote
je 1 Zweig Rosmarin und Thymian
3 Knoblauchzehen
8 cl Madeira
125 ml Wasser
2 cl Tomatenessig
1 MS Vanillemark

ZUM ANRICHTEN
30 g Babymangoldblätter
Zitronensaft zum Würzen
Olivenöl
Salz
Fleur de Sel
2 Jalapeños (je nach Schärfeverträglichkeit)

ZUBEREITUNG

Für den Ketchup Tomaten vierteln. Zwiebeln schälen und grobwürfelig schneiden. Zwiebeln mit Ahornsirup in Öl mit etwas Farbe anbraten. Tomaten hinzufügen, ca. 10 Minuten langsam abgedeckt dünsten. Tomatenmark und Paprikapulver einrühren. Cayenne, Chili, Kräuter und angedrückte Knoblauchzehen hinzufügen. Madeira, Wasser und Essig dazugeben. Auf kleiner Stufe bedeckt 30 Minuten schmurgeln lassen. Mit Vanillemark verfeinern, mit dem Stabmixer ganz fein mixen. Etwas auskühlen lassen, kalt aufbewahren.

Währenddessen für die Wedges Kartoffeln ungeschält in je 6 gleich große Spalten schneiden. Bei 140 Grad in Öl ca. 10 Minuten sanft frittieren. Herausheben und ca. 10 Minuten abkühlen lassen. In der Zwischenzeit Öl auf 190 Grad erhitzen. Weges wieder ins Öl geben und goldbraun kross frittieren. Würzen.

Für die Steaks Ofen auf 180 Grad vorheizen. Steaks mit Meersalz und grobem Pfeffer würzen, in einer sehr heißen Pfanne (wenn vorhanden Grillpfanne) in Olivenöl auf jeder Seite anbraten. Pfanne vom Herd nehmen, Butter, Rosmarin, Thymian und angedrückten Knoblauch hinzufügen. Fleisch mit der zerfließenden Butter beträufeln und im vorgeheizten Ofen ca. 3 Minuten braten, wenden, 3 Minuten auf der anderen Seite braten. Nach 6 Minuten ist das Fleisch medium-rare bis medium, wenn es weiter durchgebraten werden soll, insgesamt 2 Minuten weiterbraten. Fleisch aus dem Ofen nehmen, auf einem Teller mit Alufolie abgedeckt ca. 5 Minuten ruhen lassen.

Währenddessen Baguettes halbieren, der Länge nach durchschneiden und in einer Pfanne mit zerlassener Butter braten. Babymangoldblätter mit Zitronensaft, Olivenöl und Salz würzen.

Fleisch in 8 Scheiben schneiden und auf den Mangold legen. Mit Fleur de Sel und nach Geschmack mit in Ringe geschnittenen Jalapeños würzen.

TIPP
Wir im *Motto* würzen Weges mit einer eigenen Salzmischung aus Paprikapulver, Meersalz, Cayenne und Zitronenzesten.

40 min

Hühnerspieße mit Gurken-Zaziki-Wraps und Basilikum-Tomaten-Salsa

ZUTATEN

HÜHNERSPIESSE
2 EL edelsüßes Paprikapulver
1 EL Salz
50 g Honig
200 ml Tafelöl
2 cl weißer Balsamicoessig
3 Hühnerbrüste à 150 g
40 g Butter
je 1 Zweig Rosmarin und Thymian

ZAZIKI
1 Zweig Dill
2 Gurken
Salz
100 g saure Sahne
100 g Joghurt
2 gepresste Knoblauchzehen
10 g Honig
Pfeffer

4 Wraps mit 24 cm Durchmesser

TOMATENSALAT
3 große San-Manzano-Tomaten (Eiertomaten)
1 Schalotte
6 Basilikumblätter
1 EL Kürbiskernöl
1 EL Weißweinessig
2 EL Wasser
Salz
Cayenne
Zucker

ZUBEREITUNG

Für die Hühner-Beize Paprika, Salz und Honig mit einem Schneebesen mit dem Öl verrühren. Hühnerbrüste in ca. 2 x 2 cm große Würfel schneiden und im Kühlschrank für ca. 2 Stunden in der Beize einlegen (je länger sie ziehen, umso besser, aber nicht länger als über Nacht).

Für das Zaziki Dillspitzen hacken. Gurken mit der Schale in feine Streifen schneiden oder auf einer groben Reibe reiben. Salzen, 10 Minuten stehen lassen. Leicht ausdrücken. Mit den restlichen Zaziki-Zutaten verrühren.

Tomaten auf der Unterseite einschneiden, 5–10 Sekunden in kochendes Wasser eintauchen und kalt abschrecken, so dass sich die Haut löst. Tomaten vierteln und Kerngehäuse entfernen. Tomatenfilets in gleichmäßige Würfel schneiden.

Schalotte schälen und in feine Würfel schneiden. Tomaten und Schalotte mit Kürbiskernöl, Essig, Wasser und Gewürzen marinieren.

Hühnerwürfel aus der Marinade heben, abtropfen lassen. Auf Spieße stecken und in einer Grillpfanne (oder in einer normalen Pfanne) in heißem Öl scharf anbraten, sodass sie schön Farbe bekommen. Hitze reduzieren und die Hühnerwürfel langsam durchbraten. Mit Butter, Rosmarin und Thymian verfeinern.

Die Wraps in einer Pfanne erhitzen. Jeder Gast stellt sich nach Lust und Laune sein Wrap mit Hühnerspießen, Tomatensalat und Zaziki zusammen.

TIPP

Alternativ die Wraps fertig gerollt servieren. Dafür das Hühnerfleisch ohne Spieße anbraten. Zaziki und Tomatensalat in den heißen Wraps verteilen, mit Fleisch belegen. Wraps auf Alufolie legen und in der Folie sehr fest einrollen. Fertig gerollte Wraps halbieren. Diese Variante ist auch ein idealer Snack für Gartenpartys.

25 min, 2 Stunden zum Beizen

SNACKS & APERITIF

Veganer Rote-Rüben-Burger mit Süßkartoffel-Chips

ZUTATEN

ROTE-RÜBEN-BOHNEN-CREME
6 mittelgroße rote Rüben
2 weiße Zwiebeln
3 Knoblauchzehen
2 rote Zwiebeln
30 ml Olivenöl
100 ml Roter-Rüben-Saft
Salz
Cayenne
Kreuzkümmel
Madras-Curry
125 ml Weißwein
80 g gegarte Kidneybohnen (Abtropfgewicht)
30 g Macadamianüsse
50 g getrockneten Tomaten

CHIPS
Pflanzenöl zum Frittieren
3 Süßkartoffeln
Salz

ZUM FERTIGSTELLEN
2 Avocados
4 vegane Burger-Brötchen
10 g Rucola
2 Tassen Kresse
10 g Frisée
Zitronensaft und Olivenöl zum Marinieren
Salz
Sprossen

ZUBEREITUNG

Für die Creme rote Rüben, Zwiebeln und Knoblauch schälen und in gröbere Würfel schneiden. Olivenöl in einem größeren Topf erhitzen, Zwiebeln goldbraun braten. Knoblauch, Rote-Rüben-Saft und rote Rüben hinzufügen. Mit Salz, Cayenne, Kreuzkümmel und Curry abschmecken. Mit Weißwein aufgießen. 25 Minuten abgedeckt weich kochen.

In der Zwischenzeit Kidneybohnen abwaschen und abtropfen lassen. Nüsse ohne Fett in einer Pfanne auf mittlerer Stufe goldbraun rösten. Auskühlen lassen, kleinhacken. Rote-Rüben-Ragout mit Kidneybohnen, getrockneten Tomaten und Nüssen in einen Standmixer mixen, es darf noch Struktur haben. Warmhalten.

Öl in der Fritteuse auf 170 Grad vorheizen. Süßkartoffeln waschen, hauchdünne Chips hobeln und frittieren. Achtung, es spritzt. Mit Salz würzen.

Avocados halbieren. Kern mit einem Löffel aus dem Fruchtfleisch lösen. Mit einem scharfen Messer innen an der Haut entlangfahren, Fruchtfleisch mit einem Löffel aus der Schale holen und in Spalten schneiden.

Brötchen halbieren, die Schnittflächen grillen oder anbraten. Warme Creme daraufsetzen (sie hält in einen Ring angerichtet am besten). Rucola, Kresse und Frisée mit Zitronensaft, Olivenöl und Salz marinieren, im Burger verteilen. Mit Avocadospalten belegen, mit Sprossen garnieren. Chips dazu servieren.

TIPP
Die Brötchen nach Geschmack wählen. Wir nehmen vegane Vollkornbrötchen mit Sonnenblumenkernen und Kürbiskernen.

40 min

Playlist N°2

Snacks & Aperitif

▷ 1   3-11 PORTER – SURROUND ME WITH YOUR LOVE (MENTAL OVERDRIVE REMIX)
▷ 2   JOSÉ GONZÁLEZ – KILLING FOR LOVE (BEATFANATIC REMIX)
▷ 3   TEEMID FEAT. JOIE TAN – CRAZY
▷ 4   NOIR & HAZE – AROUND (SOLOMUN VOX REMIX)
▷ 5   ORNETTE – CRAZY (NÔZE RADIO VERSION)
▷ 6   CRAZY P – HEARTBREAKER (DJ EDIT)
▷ 7   LÅPSLEY – OPERATOR (DJ KOZE'S DISCO EDIT)
▷ 8   GREGORY PORTER – LIQUID SPIRIT (CLAPTONE REMIX)
▷ 9   RUDIMENTAL – SPOONS FEAT. MNEK & SYRON (ORIGINAL MIX)
▷ 10 LOVEBIRDS FEAT. STEE DOWNES – WANT YOU IN MY SOUL
▷ 11 DR. ROCKIT – CAFÉ DE FLORE (CHARLES WEBSTER'S LATIN LOVERS MIX)
▷ 12 VINCENZO FEAT. MINAKO – JUST LIKE HEAVEN
▷ 13 BRIGITTE FONTAINE & KHAN – FINE MOUCHE (TOBII REMIX)
▷ 14 JOYCE MUNIZ FEAT. LOUIE AUSTEN – MORNING LOVE
▷ 15 PHREEK PLUS ONE – PASSION FEAT. MR. WHITE
▷ 16 STIMMING – KLEINE NACHTMUSIK
▷ 17 DAPAYK SOLO – SUGAR (ALBUM VERSION)
▷ 18 MARBERT ROCEL – CORNFLAKE BOY (SOLOMUN REMIX)
▷ 19 BLUE SIX – SWEETER LOVE (JAY'S FULL VOCAL)
▷ 20 JÜRGEN PAAPE – SO WEIT WIE NOCH NIE

Our favourite chic electronica, party music for the refined and cultured.

find the playlist on spotify
« fromsunsettosunrise » by mottoamfluss

Schweinefilet mit gegrilltem Fenchel, Blattspinat und Joghurtdip

ZUTATEN

FILET
800 g Schweinefilet
Salz
Pfeffer
3 angedrückte Knoblauchzehen
40 g Sonnenblumenöl
30 g Butter
3 Zweige Majoran

FENCHEL UND SPINAT
2 Fenchel
Salz
20 ml Olivenöl
80 g Blattspinat
Pfeffer
1 Zitrone

DIP
150 g Joghurt
2 fein geschnittene Knoblauchzehen
Salz
Pfeffer

ZUBEREITUNG

Alle Zutaten für den Dip gut verrühren, Dip abgedeckt zur Seite stellen. Fenchel in je 6 Spalten schneiden und in Salzwasser je nach Größe ca. 4 Minuten vorkochen. In einer mit Öl eingestrichenen Grillpfanne (oder in einer normalen Pfanne) braten. Warmstellen.

Mit einem Messer überschüssiges Fett vom Filet entfernen. Mit Salz, Pfeffer und Knoblauch würzen. Fleisch im Ganzen in einer heißen Pfanne mit Sonnenblumenöl auf allen Seiten anbraten. Butter hinzufügen. Majoran auf einem Backblech verteilen, Fleisch darauflegen. Mit der Öl-Butter-Mischung aus der Pfanne beträufeln und im auf 180 Grad vorgeheizten Ofen ca. 8 Minuten braten. Das Fleisch ist dann medium, wer es weiter durchbraten möchte, lässt es noch 3 Minuten im Ofen.

Fleisch mit Fenchel und Dip anrichten.

25 min

SNACKS & APERITIF

Hibiskus-Rosen-Limonade

ZUTATEN FÜR CA. 0,94 L SIRUP

300 ml Rosenwasser
240 g Zucker
240 g Hibiskus-Sirup
200 ml Zitronensaft

🙎🙎🙎🙎
🕒 20 min

ZUBEREITUNG

Alle Zutaten in einen Topf geben. Unter Rühren aufkochen. Vom Herd nehmen und mit dem Zitronensaft verrühren.

Sieben, abkühlen lassen und in den Kühlschrank stellen. Im Verhältnis 1:2 mit Wasser verdünnt servieren.

TIPP
Als Deko 1 getrocknete Rosenblütenknospe ins Glas geben.

Ingwer-Zitronen-Limonade

ZUTATEN FÜR CA. 1,2 L SIRUP

475 ml Wasser
425 g Zucker
200 g geraspelter Ingwer
625 ml Zitronensaft

🙎🙎🙎🙎
🕒 20 min

ZUBEREITUNG

Alle Zutaten in einen Topf geben. Unter Rühren aufkochen. Vom Herd nehmen und mit dem Zitronensaft verrühren.

Sieben, abkühlen lassen und in den Kühlschrank stellen. Im Verhältnis 1:2 mit Wasser verdünnt servieren.

TIPP
Als Deko Minzblätter in die Karaffe und Minzzweige ins Glas geben.

Erdbeer-Zitronen-Limonade

ZUTATEN FÜR CA. 1,2 L SIRUP

500 g Zucker
150 ml Wasser
350 g TK-Erdbeeren
30 ml frisch gepresster Ingwersaft
Zesten von 5 Zitronen
500 ml Zitronensaft

20 min

ZUBEREITUNG

Alle Zutaten bis auf den Zitronensaft in einen Topf geben. Unter Rühren aufkochen. Vom Herd nehmen und mit dem Zitronensaft verrühren.

Sieben, abkühlen lassen und in den Kühlschrank stellen. Im Verhältnis 1:3 mit Wasser verdünnt servieren.

TIPP
Als Deko Knallbrause am Glasrand verwenden.

Pretty in Pink

ZUTATEN FÜR CA. 1 L

600 ml Mandelmilch
200 ml Kokosmilch
4 Kugeln Vanille-Eis
400 g Erdbeeren oder andere Beeren (je nach Saison auch frische Beeren)
80 g Agavendicksaft

ca. 1 Liter
5 min

ZUBEREITUNG

Alle Zutaten mixen und durch ein Sieb in Flaschen abfüllen. Hält gekühlt 2 Tage. Zum Anrichten in kleine Flaschen (250 ml) umfüllen, auf Eiswürfeln und mit Trinkhalm servieren.

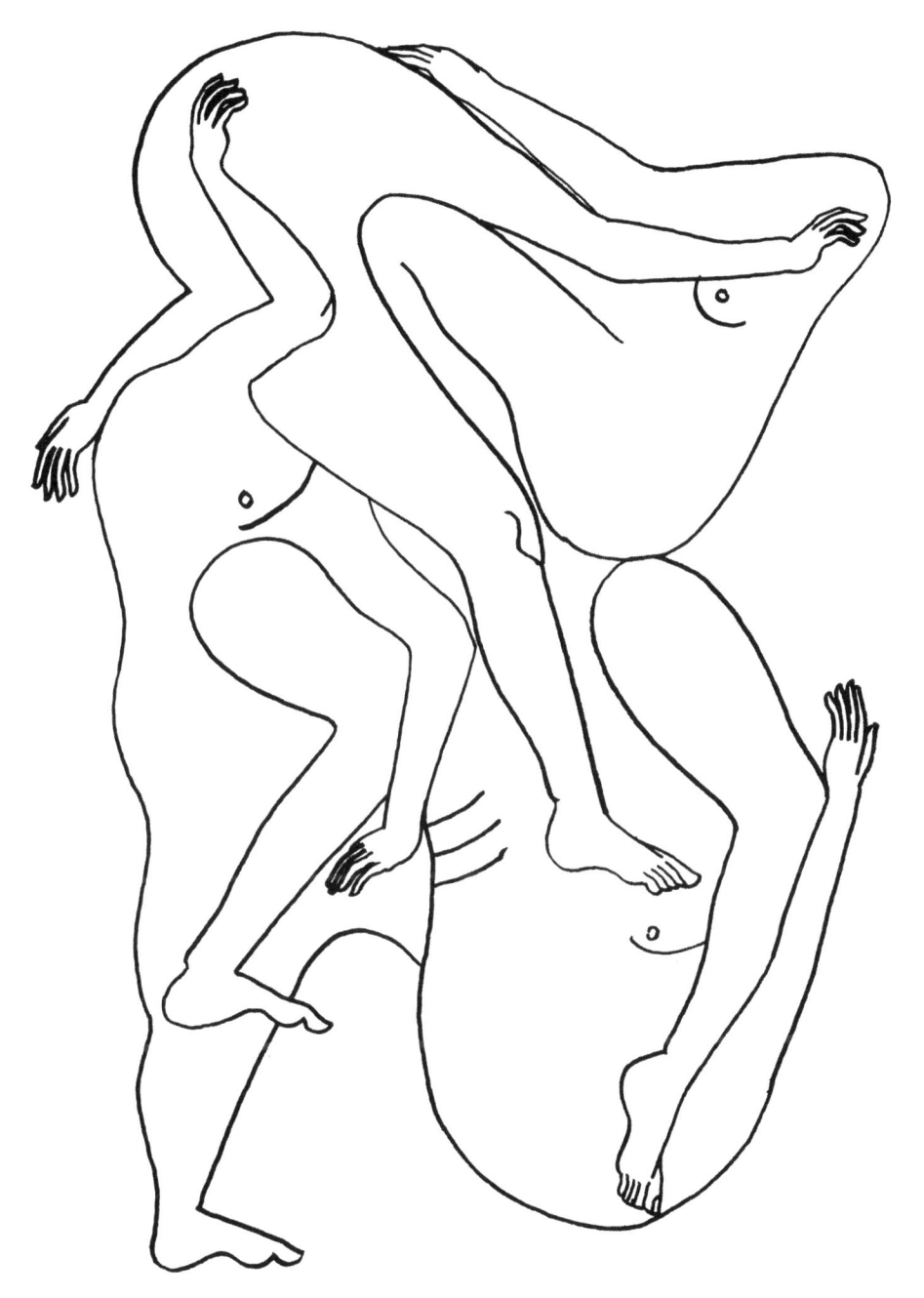

Der venezianische Bellini ist ein echter Klassiker und hat als Aperitif auch heute noch seine Berechtigung. Am besten schmeckt er im Sommer mit frischen reifen Pfirsichen.

FROM SUNSET TO SUNRISE

From setting the family table to cooking up a dinner party.

DINNER

Knuspriges Beef Tatar

ZUTATEN

2 große festkochende Kartoffeln
Pflanzenöl zum Frittieren
350 g Rinderfilet
1 Schalotte
30 g Cornichons
10 g Kapernbeeren
125 ml Ketchup
50 ml Eigelb
50 ml Dijon-Senf
5 g Sardellenpaste
10 g Sambal Oelek
7 ml Olivenöl
1 TL Worcestersauce
Salz
Kresse für die Deko

ZUBEREITUNG

Kartoffeln der Länge nach mit einer Küchenmaschine 1,5 mm dick schneiden. Scheiben mit einem Messer zu Rechtecken schneiden (ca. 8 x 3 cm). Auf Metallhülsen aufwickeln und mit Küchengarn umbinden.

Im heißen Öl gold-gelb frittieren. Erkalten lassen. Faden abnehmen, Kartoffelröllchen von der Hülse streifen.

Filet in 3 mm große Würfel schneiden. Schalotte in feine Würfelchen schneiden. Cornichons und Kapernbeeren fein hacken. Schalotte, Cornichons, Kapernbeeren, Ketchup, Eigelb, Senf, Sardellenpaste, Sambal Oelek, Öl und Worcestersauce zu einer cremigen Marinade rühren; nach Bedarf salzen.

Das Fleisch mit der Marinade mischen. In einen Spritzsack geben und die Kartoffelröllchen damit füllen. Mit Kresse garnieren.

Rezept für 10 Röllchen
30 min

Büffelmozzarella mit Bohnen-Salbei-Gemüse und getrockneten Tomaten

ZUTATEN

MOZZARELLA
4 Büffelmozzarella
Olivenöl
Meersalz

DRESSING
100 ml Tafelöl
20 Salbeiblätter
30 ml Apfelessig
40 ml Wasser
Salz
Pfeffer
1 EL Zucker

SALAT
12 breite Bohnenstangen
25 Zuckerschoten
1 Brokkoli
2 Frisée
10 getrocknete Tomaten

ZUBEREITUNG

Für das Dressing Tafelöl in einem Topf erhitzen. Wenn es ca. 140 Grad hat, Salbei hinzufügen. Topf zur Seite stellen, damit das Öl auskühlen kann. In der Zwischenzeit Essig, Wasser, Salz, Pfeffer und Zucker mit einem Stabmixer aufmixen. Abgekühltes Salbei-Öl hinzufügen.

Bohnen aus der Schote lösen. Brokkoli in 1 cm kleine Röschen zupfen. Die Zuckerschoten schräg halbieren.

Gemüse in kochendem Salzwasser 1 Minute kochen. Durch ein Sieb abseihen und in kaltem Wasser abschrecken.

Mit einem Lochschöpfer Brokkoli, Zuckerschoten und Bohnen aus dem Wasser holen. Auf Küchentuch abtupfen.

Strunk des Salats ausschneiden, Salat waschen. Getrocknete Tomaten in Streifen schneiden. Alle genannten Zutaten in eine Schüssel geben und mit dem Salbeidressing marinieren.

Büffelmozzarella in je 5 Stücke zupfen. Salat in einer Schüssel anrichten. Mozzarella darauflegen und mit Meersalz und Olivenöl verfeinern.

TIPP
Wichtig ist es, das Salbei-Öl langsam einfließen zu lassen, damit es sich gut mit der Flüssigkeit verbindet (emulgiert).

20 min

Schnitzelpralinen

ZUTATEN

150 g dünn geklopfte Schnitzel vom Kalbsrücken
1 Limette
3 g Salz
200 g Mehl
150 ml verquirltes Ei
300 g Semmelbrösel
Tafelöl oder Frittierfett zum Frittieren

ZUBEREITUNG

Kalbsschnitzel halbieren, mit Butterflyschnitt aufschneiden, nebeneinander auf Klarsichtfolie auflegen und zart klopfen.

Limette filetieren. Filets gleichmäßig verteilt in einer Reihe in die Mitte der Kalbsschnitzel legen; mit Salz würzen. Schnitzel mit Hilfe der Folie zu einer dünnen Rolle rollen. 2 Stunden tiefkühlen.

Aus dem Tiefkühlfach nehmen, aus der Folie wickeln. Ca. 1,5-2 cm große Scheiben von der Rolle herunterschneiden. Scheiben zuerst in Mehl, dann in Ei, dann in Semmelbröseln wälzen, dabei zu Kugeln formen. Die Kugeln nochmals 1 Stunde tiefkühlen. Ein zweites Mal panieren.

In auf 180 Grad erhitztem Fett knapp 5 Minuten frittieren.

Rezept für 8-10 Pralinen
20 min, 3 Stunden Kühlzeit

Gäste sind keine Versuchs-
kaninchen. Für Einladungen kommen
deshalb nur Gerichte in Frage,
die man sattelfest beherrscht.
Neue Rezepte besser ein paar mal
vorher ausprobieren.

Zweierlei gegrillter Spargel mit Römersalat und Bozner Sauce

ZUTATEN

SPARGEL
12 grüne Spargelstangen
12 weiße Spargelstangen
Olivenöl zum Braten oder Grillen
1 angedrückte Knoblauchzehe
je 1 Zweig Rosmarin und Thymian
Salz
20 g Butter
Zitronensaft zum Würzen

SALAT
4 Salatherzen
100 g Babymangold, ersatzweise normaler Mangold oder Spinat

DRESSING
50 ml Holundersirup
160 ml Wasser
Salz
Pfeffer
30 ml Weißweinessig
150 ml Sonnenblumenöl

BOZNER SAUCE
4 Eier
4 Eigelb
Salz
Cayenne
80 g Babyspinat
40 ml Olivenöl
80 ml Tafelöl
100 ml Wasser

DEKO
1 geschälte Urkarotte

ZUBEREITUNG

Spargel schälen und das untere Drittel wegschneiden. Spargel mit etwas Olivenöl bestrichen auf dem Grill grillen oder in Öl in der Pfanne braten. Mit Knoblauch, Rosmarin, Thymian und Salz würzen, zum Abschluss Butter und einem kleinen Spritzer Zitronensaft hinzufügen.

Für das Dressing Holundersirup, Wasser, Salz, Pfeffer und Weißweinessig mit einem Stabmixer aufmixen. Das Öl langsam einfließen lassen. Salatherzen vierteln, mit Mangold vermischen und mit dem Holunderdressing marinieren.

Für die Bozner Sauce Eier 7 Minuten kochen, in Eiswasser abschrecken und schälen. Vorsichtig aufbrechen und das Eigelb herausnehmen. Eiweiß kleinschneiden und hacken. Gekochte und rohe Eigelbe mit Salz, Cayenne und Spinat mit einem Stabmixer aufmixen. Wie beim Dressing Öle und Wasser einfließen lassen. Gehacktes Eiweiß unterheben.

Als Deko geschälte Urkarotte darüber hobeln.

20 min

Lauwarmer Linsensalat mit Bierrettich, Zuckerschoten und Zitronen-Joghurt

ZUTATEN

LINSEN
120 g schwarze Linsen
120 g rote Linsen
30 ml heller Balsamico
30 ml dunkler Balsamico
Salz
Olivenöl zum Marinieren
Zitronensaft zum Marinieren

DRESSING
20 g Zucker
30 ml alter Balsamico
80 g dunkler Balsamico
100 ml Hühnerfond
150 ml Olivenöl
½ EL Honig
Salz
Pfeffer

1 Bierrettich
Salz
20 Zuckerschoten
Zitronensaft zum Würzen
4 Salatherzen
1 Radicchio

ZITRONEN-JOGHURT
125 g Ziegenjoghurt
Zitronensaft zum Würzen
Cayenne

ZUBEREITUNG

Linsen am Vortag in Wasser einweichen. Wasser abgießen, Linsen in mit dem hellen Balsamico versetztem Wasser 20-25 Minuten kochen. Anschließend mit dunklem Balsamico, Salz, Olivenöl und Zitronensaft marinieren.

Für das Dressing währenddessen Zucker karamellisieren, mit altem Balsamico ablöschen. Dunklen Balsamico und Hühnerfond aufgießen. Einreduzieren und mit dem Stabmixer aufmixen. Olivenöl langsam einfließen lassen, mit Honig, Salz und Pfeffer würzen.

Bierrettich schälen, in schöne, dünne Scheiben schneiden (am besten mit der Schneidemaschine). Scheiben rechteckig zurechtschneiden. Auf Silikonmatten legen, mit einer weiteren Silikonmatte abgedeckt im auf 180 Grad vorgeheizten Ofen ca. 6-8 Minuten backen. Bierrettich-Reste in gröbere Streifen schneiden, kurz in Salzwasser blanchieren und abschrecken.

Joghurt mit Zitrone, Salz und Cayenne abschmecken.

Zuckerschoten blanchieren, in Eiswasser abschrecken.

Linsensalat mit Salatherzen, Radicchioblättern, Zuckerschoten und blanchierten Bierrettichstreifen vermischen und mit dem Dressing marinieren. Mit gebackenem Rettich anrichten.

30 min

Pastinakensuppe mit Lammpolpetti und Macadamianussöl

ZUTATEN

PASTINAKENSUPPE
2 Zwiebeln
1 Sellerie
500 g Pastinaken
30 g Macadamianussöl plus Öl zum Beträufeln
2 Knoblauchzehen
250 ml Weißwein
1 TL Kreuzkümmel
1 TL Ras el-Hanout

LAMMPOLPETTI
150 g Lammhackfleisch
2 angedrückte Knoblauchzehen
150 g in 150 ml Milch eingeweichtes Brot
Muskat
2 Eier
½ Bund gehackte Petersilie
1 Limette
Kreuzkümmel

Brösel zum Panieren
Öl zum Frittieren

SCHWARZBROTSTREIFEN
ca. 100 g Schwarzbrot
Olivenöl zum Beträufeln

DIP
100 g Crème fraîche
Salz
Cayenne
Zitronensaft zum Würzen

DEKO
frische Kräuter

ZUBEREITUNG

Für die Suppe Zwiebeln, Sellerie und Pastinaken schälen. Zwiebeln in ca. 2 x 2 cm große Stücke schneiden. Zwiebeln in einem höheren Topf langsam ca. 10 Minuten ohne Farbe in Macadamianussöl anschwitzen. Pastinaken und Sellerie in ca. 2 x 2 cm große Würfel schneiden und mit dem angedrückten Knoblauch und den Gewürzen hinzufügen. Mit Weißwein ablöschen, Wasser hinzugießen, bis alles bedeckt ist. 25 Minuten köcheln lassen und anschließend mit dem Stabmixer mixen.

Während die Suppe gart, Hackfleisch mit den restlichen Polpetti-Zutaten vermengen. 10 Minuten im Kühlschrank ruhen lassen. Zu 1 cm großen Kugeln formen. Durch Brösel wälzen und in auf 180 Grad erhitztem Öl in der Fritteuse 5 Minuten frittieren.

Schwarzbrot dünn auf der Aufschnittmaschine aufschneiden, in Streifen schneiden. Auf ein Backblech legen, mit Olivenöl beträufeln und im vorgeheizten Ofen bei 180 Grad 4–5 Minuten knusprig braten.

Crème fraîche verrühren und mit Salz, Zitronensaft und Cayenne abschmecken.

Suppe mit Lammpolpetti auf Schwarzbrot und dem Dip servieren.

20 min

Gebackenes Ei mit Austernpilzen und Caesar Dressing

ZUTATEN

GEBACKENE EIER
4 Eier
Mehl zum Panieren
Eier zum Panieren
Brösel zum Panieren
Salz
Pfeffer
Zitronensaft

AUSTERNPILZE
400 g Austernpilze
Salz
Pfeffer
1 Zweig Rosmarin
1 Knoblauchzehe
Olivenöl zum Braten

1 Frisée

CAESAR DRESSING
1 kleine Knoblauchzehe
30 g Sardellenfilets in Öl
15 g italienischer Hartkäse, z.B. Grana Padano
125 ml Traubenkernöl oder Sonnenblumenöl
1 TL mittelscharfer Senf
1 Ei
4 EL Milch
2 EL saure Sahne
Salz
Pfeffer
Saft von ½ Zitrone

ZUBEREITUNG

Für das Dressing Knoblauch in feine Scheiben schneiden, mit Sardellenfilets im Mörser zu einer feinen Paste zerdrücken. Käse fein reiben, mit Paste, Öl und Senf in den Rührbecher geben. Ei dazugeben und mit dem Stabmixer langsam nach oben ziehen, bis alles fein püriert und dicklich ist. Milch und saure Sahne unterrühren. Dressing mit Salz, Pfeffer und Zitronensaft würzen.

Eier 5 Minuten kochen und in Eiswasser abschrecken. Vorsichtig schälen, sodass das Eiweiß nicht reißt. Eier in Mehl, verquirlten Eiern und Bröseln wälzen. In auf 200 Grad erhitztem Fett max. ca. 2 Minuten frittieren, sodass das Eigelb in der Mitte noch flüssig ist.

Austernpilze im Ganzen mit Salz, Pfeffer, Rosmarin und angedrücktem Knoblauch würzen und in einer Pfanne mit Olivenöl anbraten.

Mit gezupftem Salat anrichten.

TIPPS
Mit Bröseln aus Weißbrot paniert werden die Eier besonders knusprig. Sicherheitshalber 1–2 Eier mehr kochen, falls beim Schälen das Eiweiß beschädigt wird.

20 min

Reisnudelsalat mit breiten Bohnen, Melone und Feldgurken

ZUTATEN

MARINADE
¼ Ingwerwurzel
2 EL Ahornsirup
50 ml Sesamöl
2 Knoblauchzehen
1 kleingeschnittene Chilischote
1 angedrückte Zitronengrasstange
50 ml Sojasauce
8 Zweige Koriander

300 g Reisnudeln

GURKE, MELONE UND BOHNEN
1 Feldgurke
1 Galia-Melone
250 ml frisch gepresst Orangensaft
250 ml naturtrüber Apfelsaft
je 1 Zweig Rosmarin und Thymian
1 Knoblauchzehe
Salz
200 g Breite Bohnen

DEKO
15 g Gojibeeren
20 g Brunnenkresse

ZUBEREITUNG

Für die Marinade Ingwer schälen und fein schneiden. Ahornsirup in der Pfanne karamellisieren. Sesamöl hinzufügen, angedrückten Knoblauch, Ingwer, Chili und Zitronengras darin schwenken. Mit Sojasauce und Wasser aufgießen. 10 Minuten bei kleiner Hitze köcheln lassen. Abseihen und mit dem fein gehackten Koriander vermengen.

Gurke der Länge nach schneiden oder hobeln, sodass Streifen entstehen. Melone mit einem Parisenneausstecher ausstechen oder in Würfel schneiden. Orangensaft, Apfelsaft, Rosmarin, Thymian, angedrückten Knoblauch und Salz einmal aufkochen. Etwas abkühlen lassen. Gurken und Melonen ca. 10 Minuten in dieser Marinade einlegen.

Währenddessen für die Reisnudeln einen Topf mit Wasser aufstellen. Wenn das Wasser kocht, salzen. Nudeln 5 Minuten bissfest kochen. Durch ein Sieb seihen und mit kaltem Wasser abschrecken.

Bohnen in kochendem Salzwasser 5 Minuten blanchieren, in Eiswasser abschrecken.

Reisnudeln und Bohnen mit Marinade, Gurkenstreifen und Melonenstücken vermischen, mit Gojibeeren und Brunnenkresse dekorieren.

40 min

Roastbeef mit Steinpilzen, Romanasalat und Sesamcreme

ZUTATEN

ROASTBEEF
500 g Roastbeef im Ganzen
100 ml Olivenöl
30 g Butter
1 TL Senfkörner
1 TL Korianderkörner
10 g Ingwer
50 ml Sojasauce
½ Stange Zitronengras
8 Zweige Koriander
100 ml Sesamöl
Fleur de Sel

MAYONNAISE
2 Eigelb
Zesten von 1 Zitrone
125 ml Rindssuppe
Salz
Cayenne
75 ml Sesamöl
50 ml Pflanzenöl

DRESSING
1 TL Curry
100 ml Sojasauce
100 ml Gemüsefond
50 g Reiswein
100 ml Olivenöl
50 ml Sesamöl
50 ml Apfel-Balsamico
Saft von 1 Zitrone
1 kleingeschnittene Knoblauchzehe
Salz
grober Pfeffer
Cayenne

STEINPILZE
250 g Steinpilze
Olivenöl zum Braten
Salz
je 1 Zweig Rosmarin und Thymian
4 Romanasalatherzen

DEKO
20 g zweierlei Sesam

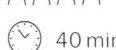

40 min

ZUBEREITUNG

Roastbeef zuputzen und in Olivenöl scharf anbraten, Butter hinzufügen, Mit Senfkörnern, Korianderkörnern, geschnittenem Ingwer, Sojasauce und angedrücktem Zitronengras marinieren. Mit den Gewürzen im auf 180 Grad vorgeheizten Ofen ca. 10–15 Minuten bis zu einer Kerntemperatur von 55 Grad braten.

Auskühlen lassen und im Kühlschrank kaltstellen.

Für die Mayonnaise Eigelb mit Zitronenzesten, Rindssuppe, Salz und Cayenne mit einem Schneebesen aufschlagen. Öle nach und nach gut einschlagen.

Für das Dressing alle Zutaten gut verrühren.

Steinpilze je nach Größe im Ganzen oder halbiert anbraten und mit Salz und Kräutern würzen.

Romanasalat vierteln und mit den Steinpilzen vermischen. Mit dem Currydressing marinieren.

Roastbeef aus dem Kühlschrank nehmen. Auf der Aufschnittmaschine dünn aufschneiden. Koriander zupfen, kleinschneiden und in das Sesamöl rühren. Fleisch mit dem Öl bestreichen und mit Fleur de Sel würzen. Auf dem Salat anrichten, mit Mayonnaise beträufeln. Mit Sesam bestreuen.

Wiesenkräutersalat mit Hokkaidokürbis, eingelegten Schalotten und Apfeldressing

ZUTATEN

GEMÜSE
20 kleine weiße Schalotten
je 2 Zweige Rosmarin und Thymian
1 Knoblauchzehe
20 g Zucker
Spritzer Apfelessig
Salz
Cayenne
2 Chioggiarüben
1 Hokkaidokürbis
Olivenöl zum Würzen

SALAT
50 g Kerbel
50 g Koriander
50 g Minze
50 g Brunnenkresse
50 g Blutampfer
50 g Babyspinat

APFELDRESSING
30 g Zucker
150 ml naturtrüber Apfelsaft
100 ml Gemüsefond
80 ml Apfelessig
Salz
Cayenne
je 1 Zweig Rosmarin und Thymian
2 Knoblauchzehen
200 ml Tafelöl
50 ml Olivenöl

ZUBEREITUNG

Für das Apfeldressing Zucker karamellisieren. Mit Apfelsaft ablöschen. Gemüsefond, Apfelessig, Salz, Cayenne, Rosmarin, Thymian und angedrückten Knoblauch mitkochen und einreduzieren, sodass 180 ml bleiben. Mit dem Stabmixer Tafelöl und Olivenöl einarbeiten.

Schalotten würfelig schneiden, mit je 1 Zweig Rosmarin und Thymian sowie Knoblauch in Zucker karamellisieren, mit Apfelessig ablöschen, mit Salz und Cayenne würzen.

Chioggiarüben dünn hobeln und mit dem Schalottendressing marinieren.

Hokkaido halbieren und von den Kernen befreien. In 16 Spalten schneiden, auf ein Backblech legen, mit Salz, Olivenöl und restlichen Kräutern würzen. Auf mittlerer Schiene im auf 180 Grad vorgeheizten Ofen 20 Minuten braten.

Für den Salat Kräuter von den Stängeln zupfen und mit Blutampfer und Babyspinat durchmischen, mit dem Apfeldressing marinieren. Mit Kürbis und Chioggia-Rüben anrichten.

TIPP
Die Gemüsesorten kann man je nach Saison variieren Im Frühling passen Spargel, junge Erbsen und Radieschen sehr gut. Auch die Kräuter können individuell gemischt werden.

40 min

Dinner

Playlist N°3

1. ANANÉ FEAT. ROBERTO CAVALLI – LOVE TO LOVE YOU BABY
2. WALDECK – WHY DID WE FIRE THE GUN
3. RICK BRAUN – WALK ON THE WILD SIDE
4. SIMAO FEAT. YGON ALVES – CHUVA
5. MONDO GROSSO – I CAN'T GO FOR THAT (FREEDOM JAZZ SAMBA MIX)
6. BOSSASONIC – CLUB TROPICANA
7. SABRINA MALHEIROS – A TERRA DE NINGUEM (NICOLA CONTE REWORK)
8. JAMIE DAVIS – IF YOU WANT ME TO STAY
9. STAC – CRY TO ME (HERMA PUMA REMIX)
10. THE STEPKIDS – GET LUCKY
11. BEN L'ONCLE SOUL – BARBIE GIRL
12. SEÑOR COCONUT – SMOOTH OPERATOR
13. JAMIE CULLUM – EVERLASTING LOVE
14. MICHAEL BUBLÉ – EVERYTHING
15. DAGMAR'S COLLECTIVE – C'EST SI BON
16. CHAKA KHAN – BIG SPENDER
17. NILS LANDGREN – I WILL SURVIVE
18. PAUL ANKA – WONDERWALL
19. NORAH JONES – DON'T KNOW WHY
20. MARK LEDFORD – WAY I FEEL

Some of our very favourite songs recreated gracefully with love and fun. Jazzy, supremely elegant and cosmopolitan.

find the playlist on spotify
«fromsunsettosunrise» by mottoamfluss

Hausgeräuchertes Forellenfilet mit eingelegtem Chicorée und Salzmandeln

ZUTATEN

SUD
30 g Zucker
60 g grobes Meersalz
3 angedrückte Wacholderbeeren
Schale von 1 Zitrone
2 Lorbeerblätter

SALZMANDELN
40 g Zucker
grobes Meersalz
100 g Mandeln

RÄUCHERFISCH
4 Forellenfilets à 150 g
300 g Heu
5 Wacholderbeeren
3 Lorbeerblätter

CHICORÉE
4 Chicorée à ca. 80 g
50 ml Ahornsirup
je 50 ml Orangen- und Apfelsaft
je 2 Zweige Rosmarin und Thymian
½ geschnittene Chilischote
Salz

YUZU-MAYONNAISE
2 Eier
Saft und Schale von 1 Yuzufrucht
(asiatische Zitrusfrucht, ersatzweise
½ Zitrone und ½ Orange)
ca. 100 ml Sonnenblumenöl

DEKO
Orangenzesten

ZUBEREITUNG

Für den Sud alle Zutaten mit ½ l Wasser einmal aufkochen, auf Zimmertemperatur abkühlen lassen. Gräten aus den Filets entfernen, Filets 2 Stunden im Kühlschrank im Sud einlegen.

Für die Salzmandeln in einer Pfanne Zucker karamellisieren und grobes Meersalz hinzufügen. Mandeln darin schwenken, zum Auskühlen auf einen Teller geben. Ausgekühlt grob zerhacken.

Zum Räuchern eine tiefe Pfanne oder einen Wok mit passendem Gitter nehmen, auf dem die Filets nebeneinander Platz haben. Am besten im Freien räuchern. Gitter mit Alufolie abdecken. Filets darauflegen und wiederum mit Alufolie abdecken. Heu, Wacholder und Lorbeer in die Pfanne geben, anzünden (am besten mit einem Bunsenbrenner). Gitter darauflegen, sodass das Feuer erlischt und raucht. Vorgang drei Mal wiederholen. Filets aus der Folie nehmen.

Halbierte Chicorée im erwärmten Ahornsirup anbraten, mit Saft und Gewürzen ca. 5 Minuten dünsten. Herausheben, Saft auf 100 ml einreduzieren.

Für die Mayonnaise Eier, Yuzusaft und -schale mit 1 EL Wasser mit einem Schneebesen aufschlagen. Unter ständigem schnellem Rühren Öl einrühren, sodass es sich mit den Eiern verbindet und die Mischung emulgiert.

Chicorée mit Forellenfilet anrichten, Saft bodenbedeckend in den Teller füllen. Mandeln darüber verteilen, Forelle mit Salz bestreuen, mit Zesten dekorieren.

TIPP
Heu bekommt man in Tierhandlungen, online oder beim Bio-Bauern des Vertrauens.

20 min, 2 Stunden einlegen

Meeresfrüchte-Minestrone

ZUTATEN

FISCHSUPPENANSATZ
1 kg Fisch-Karkassen (Fischgräten, beim Fischhändler bestellen)
1 Bund Wurzelgemüse (Karotte, Sellerie und Lauch)
1 Zwiebel
3 Kardamomkapseln
4 zerdrückte Wacholderbeeren
¼ in Scheiben geschnittene Ingwerwurzel
1 angedrückte Stange Zitronengras
3 Sternanis
1 EL Pfeffer
Salz

EINLAGE
1 Zuchini
1 Stangensellerie
je 1 roter und gelber Paprika
4 küchenfertig geputzte Calamari
4 Garnelen
4 Garnelen mit Kopf
1 Oktopus
8 Miesmuscheln
Olivenöl zum Braten
je 2 Zweige Rosmarin und Thymian
4 Knoblauchzehen
1 g Safran
250 ml Weißwein
20 g Kerbel

ZUBEREITUNG

Karkassen 5 Minuten kochen, damit sie die Trübstoffe verlieren. Abseihen und mit kaltem Wasser spülen. Mit dem grob geschnittenen Suppengemüse und der geschälten Zwiebel in einen hohen Topf geben, mit eiskaltem Wasser bedecken. Langsam aufwallen lassen. Gewürze hinzufügen. 2 Stunden langsam köcheln, dabei immer wieder nach Bedarf Wasser auffüllen, sodass alles gerade bedeckt ist. Sollte sich Schaum bilden, abschöpfen.

Währenddessen Gemüse für die Einlage in 1x1cm große Würfel schneiden.

Calamari in Ringe schneiden. Alle Garnelen von der Schale befreien. Oktopus wie auf S. 118 beschrieben kochen. In gröbere Stücke schneiden. Bärtchen der Miesmuscheln entfernen, Muscheln wässern, jene, die oben schwimmen, entsorgen.

Garnelenköpfe blanchieren und von den Innereinen befreien. Sie dienen als Deko, man kann sie auch weglassen.

Garnelen, Calamari, gekochten Oktopus und Muscheln in einem breiten Topf mit Olivenöl anbraten und mit Rosmarin, Thymian und angedrücktem Knoblauch verfeinern. Safran hinzufügen und mit Weißwein ablöschen. Deckel auf den Topf setzen, Suppenansatz aufkochen. Vorbereitetes Gemüse hinzufügen und kurz ziehen lassen. Topf vom Feuer ziehen, mit gehacktem Kerbel verfeinern.

TIPPS
Alternativ gekauften Fischfond und fertige Meeresfrüchte-Mischung verwenden.

Die Einlage lässt sich gut variieren, z.B. mit Fisch statt Meeresfrüchten.

3 Stunden

Salbei-Ingwer-Risotto mit Jakobsmuscheln

ZUTATEN

RISOTTO
½ Ingwerwurzel
Läuterzucker (1 Teil Wasser,
1 Teil Zucker, einmal aufgekocht)
zum Eintauchen
1 Zwiebel
70 ml Olivenöl
350 g Risottoreis
Salz
1 Stange Zitronengras
2 angedrückte Knoblauchzehen
2 Lorbeerblätter
250 ml Weißwein
600 ml Gemüsefond (ersatzweise Wasser)
5 Blätter Salbei
Schuss Prosecco
40 g Butter

Fleisch von 8 Jakobsmuscheln
Salz
40 g Butter
40 ml Walnussöl
½ in Ringe geschnittene Chilischote
gehackte Blätter von ca. 8 Zweigen Koriander

ZUBEREITUNG

Großteil des Ingwers auf der flachen Seite dünn hobeln oder auf der Aufschnittmaschine schneiden und in Läuterzucker tauchen. Auf Backpapier legen und auf einem Backblech im auf 170 Grad vorgeheizten Ofen 15 Minuten knusprig backen. Zur Seite stellen.

Währenddessen Zwiebel in feine Würfel schneiden und in Olivenöl ohne Farbe glasig anschwitzen. Reis hinzufügen und rühren, bis er richtig heiß ist. Salz, einen Teil des restlichen Ingwers, halbierte, angedrückte Zitronengrasstange, Knoblauchzehen und Lorbeer hinzufügen. Mit Weißwein ablöschen.

Unter Rühren 450 ml Gemüsefond in kleinen Mengen hinzufügen. Viel rühren, damit der Reis sämig wird. Fond immer wieder verkochen lassen. Wiederholen, bis die Flüssigkeit aufgebraucht ist. Es dauert jeweils ca. 7–9 Minuten, bis alles aufgesogen ist. Risotto auf einem Backblech flach verteilen. Lorbeerblätter, Ingwerstücke und Zitronengras entfernen.

Jakobsmuscheln salzen, mit Butter, Öl, Chili und Koriander in einer heißen Pfanne braten. Perfekte Jakobsmuscheln müssen glasig sein, umso länger sie braten, umso kleiner werden sie, da sie die Flüssigkeit verlieren.

Risotto wieder in einen Topf geben. Restlichen Gemüsefond erhitzen und hinzufügen.

Unter ständigem Rühren vollständig verkochen (dauert ca. 5 Minuten). Restlichen Ingwer reiben, mit gehacktem Salbei und Prosecco einrühren. Herd ausschalten und die zimmertemperierte Butter mit einem Kochlöffel vorsichtig, aber schnell einrühren.

Risotto mit Jakobsmuscheln und gebackenem Ingwer anrichten.

25 min

Linguine mit Salsiccia, Portweinschalotten und getrockneten Tomaten

ZUTATEN

LINGUINE
100 g getrocknete Tomaten
300 g Linguine
Salz
300 g Salsiccia (Wildschweinwurst)
Olivenöl zum Braten
1 Chilischote
250 ml Weißwein
300 ml Hühnerfond, Gemüsefond oder Wasser
70 g Butter
Cayenne
½ Bund gehackte Petersilie

PORTWEINSCHALOTTEN
150 g Schalotten
50 g Honig
1 Zweig Rosmarin
2 angedrückte Knoblauchzehen
Salz
3 zerdrückte Wacholderbeeren
8 Pfefferkörner
250 ml roter Portwein

ZUBEREITUNG

Für die Portweinschalotten Schalotten schälen. Einen breiten Topf aufstellen und den Honig darin karamellisieren. Rosmarin, Knoblauch und Gewürze hinzufügen und mit Portwein ablöschen. Schalotten im Sud ca. 10 Minuten weich schmoren. Schalotten im Sud lassen, sodass sie durchziehen können.

Tomaten in Streifen schneiden.

Linguine ca. 7 Minuten in Salzwasser kochen.

Während die Nudeln kochen, Salsiccia häuten und in einer Pfanne mit Olivenöl scharf anbraten. Mit einer Gabel zerdrücken. Tomaten und kleingeschnittene Chili dazugeben, mit Weißwein ablöschen, mit Hühnerfond aufgießen. Butter zur Bindung einrühren. Mit Salz und Cayenne abschmecken.

Linguine hinzufügen und verrühren. Perfekt sind sie, wenn sie schön glänzen. Achtung, am Schluss die Pfanne in Bewegungen halten, bis die Sauce nicht mehr blubbert, da sich sonst die Butter von der Flüssigkeit trennt. Mit Petersilie bestreuen.

TIPP
Sollten Sie keine Salsiccia bekommen, hochwertige Bratwurst verwenden, auch damit wird das Gericht zu einem Highlight.

25 min

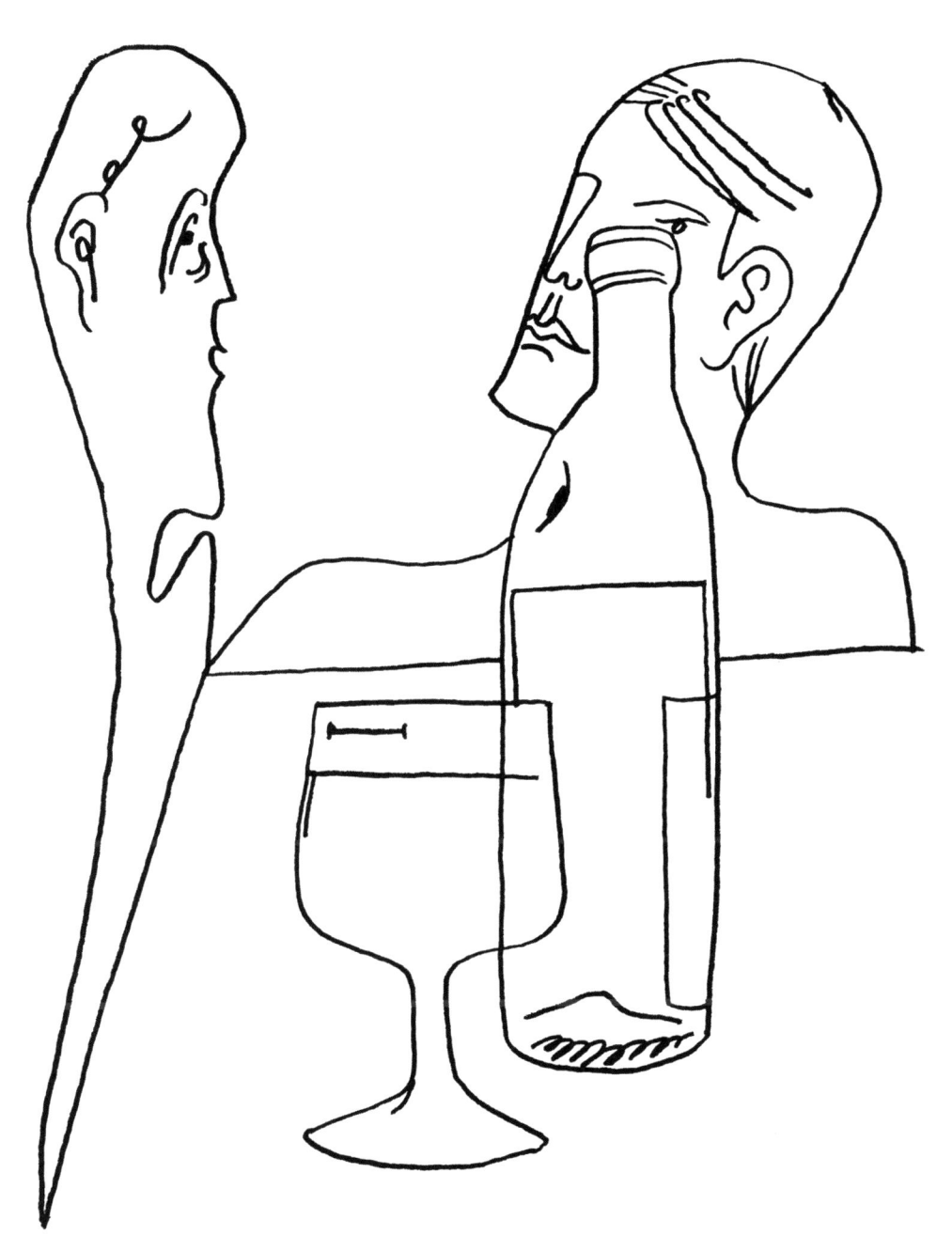

Mein Motto in Sachen Getränkebegleitung: Was Spass macht, passt auch – ob ein und derselbe Wein zu jedem Gang, lieber Rot statt Weiss oder doch ein Bier.

Knuspriger Oktopus mit weißer Bohnencreme, Lardo und Frühlingszwiebeln

ZUTATEN

OKTOPUS
1 Fenchel
2 Zwiebeln
1 Bund Suppengemüse
30 ml Tafelöl
10 zerdrückte Fenchelsamen
5 zerdrückte Wacholderbeeren
15 Pfefferkörner
Salz
125 ml Pernod
125 ml Weißwein
2 Oktopusse

ZUM FERTIGSTELLEN
4 Frühlingszwiebeln
Olivenöl zum Braten
Salz
je 1 Zweig Rosmarin und Thymian
4 Knoblauchzehen
100 g fetter Speck (Lardo)
40 g Butter
½ Chili
½ Bund Petersilie

BOHNENCREME
250 g weiße Coco-Bohnen
je 3 Zweige Rosmarin und Thymian
2 angedrückte Knoblauchzehen
10 Pfefferkörner
5 angedrückte Wacholderbeeren
50 g fetter Speck (Lardo)
100 g Butter
Salz
100 ml Sahne

ZUBEREITUNG

Am Vortag Bohnen einweichen.

Für den Oktopus Fenchel, Zwiebeln und Suppengemüse grob schneiden und in einem breiten Topf in Tafelöl anbraten. Nach ca. 10 Minuten Gewürze hinzufügen und mit Pernod und Weißwein ablöschen. 3 l Wasser hinzufügen. Wenn das Wasser kocht, Oktopusse hineingeben, ca. 2 Stunden weich kochen, dass Wasser sollte nur etwas wallen.

Währenddessen die eingeweichten Bohnen abgießen. Rosmarin, Thymian, Knoblauch, Pfefferkörner, Wacholderbeeren und Speck in einem sauberen Geschirrtuch zu einem Gewürzsäckchen einschlagen, mit Küchengarn zubinden. Bohnen in kochendes Wasser geben, Säckchen hinzufügen und 25 Minuten mitkochen. Weich gekochte Bohnen abseihen und mit Butter, Salz und Sahne mit einem Stabmixer fein mixen.

Während die Bohnen kochen, Ofen auf 200 Grad vorheizen. Frühlingszwiebeln auf der grünen Seite kürzen, sodass nur noch ca. 10 cm bleiben. Auf der Wurzelseite 0,5 cm abschneiden. Auf ein Backblech setzen und mit Olivenöl, Salz, Rosmarin, Thymian sowie 1 angedrückten Knoblauchzehe würzen. 10 Minuten im Ofen braten, sie dürfen etwas Farbe bekommen.

100 g Speck ca. 15 Minuten tiefkühlen.

Gegarten Oktopus auf einem Blech etwas auskühlen lassen. Arme abtrennen. Je nach Größe halbieren oder im Ganzen lassen. Oktopus in einer Pfanne mit Olivenöl scharf anbraten und mit Salz würzen. Nach ca. 3 Minuten Butter, 3 fein geschnittene Knoblauchzehen und fein geschnittene Chili hinzufügen, zum Schluss mit gehackter Petersilie bestreuen.

Tiefgekühlten Speck auf der Aufschnittmaschine schneiden. Beim Anrichten auf die Bohnencreme legen, sodass er schmilzt.

TIPPS
Wenn ich Oktopus koche, gebe ich immer 1–2 Rotweinkorken dazu. Das soll den Oktopus wegen der Tanine weicher machen.

Sollten Sie die „Noppen" vom Oktopus nicht mögen, dann können Sie, wenn der Oktopus noch warm ist, die Arme vorsichtig in die Hand nehmen und mit leichtem Druck von der Kopfseite bis zur Spitze nach unten ziehen. Ich persönlich rate, die Noppen nicht zu entfernen. Sie machen den Oktopus aus und werden beim Braten schön knusprig.

2 Stunden 30 min

Motto am Fluss(krebsessen)

ZUTATEN

KREBSE
1 Bund Suppengemüse
1 Zwiebel
4 Wacholderbeeren
15 Pfefferkörner
3 Lorbeerblätter
½ l Weißwein
20 g Salz
12 lebende Bio-Flusskrebse
60 g Butter
je 2 Zweige Rosmarin und Thymian
5 Knoblauchzehen

TOMATENSALSA
100 ml Olivenöl
1 Knoblauchzehe
½ Chili
Nadeln von 1 Rosmarinzweig
2 Tomaten
40 g getrocknete Tomaten
1 Schalotte
Meersalz

PESTO
50 g Basilikum
100 ml Olivenöl
10 g Pinienkerne
10 g frisch geriebener Parmesan
Salz

GRILLZITRONEN
2 Zitronen
Meersalz

GUACAMOLE
5 Avocados
2 EL Sesamöl
Saft von 2 Zitronen
40 ml Olivenöl
Cayennepfeffer
Salz
1 gepresste Knoblauchzehe

ZUBEREITUNG

Für die Salsa Olivenöl, Knoblauch, Chili, Rosmarin und das Innenleben der Tomaten grob mixen. Mit geschnittenen Trockentomaten, fein gewürfelter Schalotte und Salz gut vermengen.

Für das Pesto alle Zutaten gemeinsam mixen.

Für die Krebse 10 l Wasser in einem breiten Topf zum Kochen bringen. Gemüse und Zwiebel in grobe Würfel schneiden. Beides ins Wasser geben. Wacholderbeeren, Pfefferkörner, Lorbeer, Weißwein und Salz hinzufügen. Ca. 30 Minuten köcheln lassen.

Währen der Sud kocht, Zitronen grillen und Guacamole zubereiten: Zitronen mit warmem Wasser waschen, halbieren und in einer Pfanne mit Olivenöl ca. 10 Minuten anbraten, sie dürfen ruhig etwas Farbe bekommen. Für die Guacamole Avocados halbieren, Kern entfernen. Fruchtfleisch aus der Schale nehmen, im Standmixer mit den restlichen Guacamole-Zutaten zu einer feinen Creme mixen.

Lebende Flusskrebse in den stark kochenden Sud geben, 2 Minuten kochen. In Eiswasser abschrecken. Nach dem Abkühlen aus dem Eiswasser nehmen. Butter zerlassen, sodass sich die Molke vom Fett trennt (klären). Nach ca. 1 Minute wird die Butter etwas bräunlich (Nussbutter). Mit Rosmarin und Thymian verfeinern. Flusskrebse darin schwenken. Flusskrebse in einer tiefen Schüssel anrichten und mit Meersalz, Kräuter-Nussbutter, Dips und gegrillten Zitronen servieren.

TIPPS
Dazu passen lauwarmes Weizenbaguette, Cole Slaw, gegrillte Maiskolben, Tacos zum Dippen und Kartoffel-Wedges (s. S. 57).

Selleriesamen bekommt man in Apotheken oder online. Ganze Samen bestellen, keinen gemahlenen Selleriesamen!

Das Kochen der Flusskrebse kann man vorab erledigen und die Krebse finalisieren, kurz bevor die Gäste kommen.

🙎🙎🙎🙎
 1 Stunde 20 min

Süßkartoffelgnocchi mit Ziegenkäse, Cashewkernen und Babyspinat

ZUTATEN

SÜSSKARTOFFELGNOCCHI
400 ml Gemüsefond
150 g Butter
300 g Süßkartoffeln
200 g mehlige Kartoffeln
125 g Hartweizengrieß
50 g Mehl plus Mehl zum Arbeiten
50 g Maisstärke
2 Eigelb
Salz
Pfeffer
Paprikapulver
1 EL fruchtiges Currypulver

ZUM FERTIGSTELLEN
50 g Cashewnüsse
50 g Babyspinat
Zitronensaft zum Würzen
Salz
20 ml Olivenöl
150 g Ziegenfrischkäse
1 gepresste Knoblauchzehe
20 ml Sahne

ZUBEREITUNG

Cashewnüsse rösten und hacken. Gemüsefond erhitzen, Butter zufügen, auf die Hälfte einreduzieren.

Währenddessen Ofen auf 200 Grad vorheizen. Süßkartoffeln und Kartoffeln waschen, Schale einstechen. In Alufolie ca. 40–50 Minuten weich garen. Abkühlen lassen. Durch den Fleischwolf drehen oder durch die Kartoffelpresse drücken (dann sollten die Kartoffeln noch warm sein). Mit Hartweizengrieß, Mehl, Maisstärke, Eigelb, Salz, Pfeffer und Paprikapulver mischen. Es sollte ein geschmeidiger, klebriger Teig entstehen. Teig abdecken und für 20 Minuten im Kühlschrank ruhen lassen.

Ein Backblech dünn mit Mehl bestreuen und mit einem nassen Teelöffel kleine Portionen des Teiges auf dem Backblech verteilen. Mit bemehlten Händen in die typische Gnocchi-Form rollen.

Gnocchi in einem großen Topf in kochendes, gesalzenes Wasser geben. Sobald alle aufgestiegen sind, Hitze reduzieren und 7–10 Minuten ziehen lassen. Mit einer Schaumkelle aus dem Wasser nehmen und auf einem Blech etwas ausdampfen lassen. Im reduzierten Butterfond schwenken, mit Curry, Pfeffer und Salz würzen und flach anrichten.

Babyspinat mit Zitronensaft, Salz und Olivenöl marinieren. Ziegenkäse mit Knoblauch und Sahne verrühren. In einen Spritzbeutel füllen und aufdressieren oder mit einen kleinen Löffel Nocken ausstechen.

1 Stunde 30 min

Lachsforellenfilet mit zweierlei Sellerie und Schneekrabben

ZUTATEN

LACHSFORELLENFILETS
4 Lachsforellenfilets à 160 g
80 ml Sonnenblumenöl
Salz
Zitronensaft zum Würzen
60 g Butter
2 gepresste Knoblauchzehen
2 Zweige Zitronenthymian

SELLERIE
1 Sellerieknolle
100 ml Olivenöl
je 2 Zweige Rosmarin und Thymian
Salz
Kümmel
Pfefferkörner
2 gepresste Knoblauchzehen
1 Stangensellerie

EINGELEGTE SCHALOTTEN
150 g Schalotten
40 g Honig
1 Zweig Rosmarin
1 angedrückte Knoblauchzehe
30 ml Bieressig
60 ml Weißwein
Salz
Cayenne

SAUCE
1 Zwiebel
60 ml Weißwein
Reste vom Sellerie
40 g Butter
60 ml Sahne
12 Korianderzweige
30 g Blattspinat
Salz
gemahlener Kümmel
Cayenne

8 Schneekrabben, ersatzweise Garnelen

ZUBEREITUNG

Schalotten schälen. Einen breiten Topf aufstellen und den Honig darin karamellisieren. Rosmarin und Knoblauch hinzufügen und mit Bieressig und Weißwein ablöschen, mit Salz und Cayenne würzen. Schalotten im Ganzen im Sud ca. 10 Minuten weich schmoren. Im Sud lassen, sodass sie durchziehen können. Zum Anrichten halbieren.

Sellerieknolle gründlich waschen. Großzügig Alufolie zum Einpacken abreißen. Öl, Gewürze und Knoblauch auf der Folie verteilen, Sellerie einpacken. Auf einem Backblech 35 Minuten im auf 180 Grad vorgeheizten Ofen garen.

In der Zwischenzeit Strunk vom Stangensellerie abschneiden, Stangen einzeln waschen. Etwaige Blätter für die Deko aufheben. Stangen der Länge nach schälen, in Eiswasser einlegen.

Sellerieknolle auspacken und schälen. Mit einem Löffel 2 cm große Stücke rausbrechen (wir im *Motto am Fluss* nennen sie Rocks). Selleriereste zur Seite stellen, sie kommen in die Sauce.

Für die Sauce Zwiebel in Ringe schneiden. Mit dem Inneren vom Stangensellerie 5 Minuten anschwitzen. Mit Wein ablöschen, Selleriereste hinzufügen. Mit Butter und Sahne mixen. Koriander und Spinat mit dem Stabmixer untermixen. Mit Salz, Kümmel und Cayenne abschmecken. Krabben bzw. Garnelen hineinlegen und 2 Minuten mitkochen.

Forellenfilets von etwaigen Gräten und Bauchlappen befreien. Mit Salz und etwas Zitronensaft würzen. In einer heißen, beschichteten Pfanne mit Öl scharf anbraten. Nach 2 Minuten Pfanne vom Herd ziehen. Fisch mit einer Palette vorsichtig von der Pfanne lösen und wenden. Pfanne wieder auf den Herd stellen, Hitze reduzieren, Butter, Knoblauch und Zitronenthymian hinzufügen. Fisch weitere 3 Minuten schön glasig braten. Wer ihn weiter durchgebraten will, lässt ihn 2 Minuten länger in der Pfanne. Fisch mit der Butter-Öl-Mischung, in der er gebraten wurde, beträufelt servieren.

TIPPS

Forellen mit dem Motto-Spezial-Salz würzen: Für ca. 15 Portionen 200 g grobes Meersalz mit den kurz gecutterten Blättern von ½ Bd Petersilie so fein wie möglich mixen. ½ Stange fein gehacktes Zitronengras und Zesten von 1 Limette dazugeben.

Um eine schön knusprige Haut zu bekommen, Backpapier auf den Fisch legen und einen Topf daraufstellen, damit sich die Haut nicht aufdrehen kann.

50 min

Konfierte Entenkeule mit Topinamburpüree und Hibiskus-Sauce

ZUTATEN

KONFIERTE ENTENKEULEN
4 Entenkeulen à 230 g
150 g grobes Meersalz
100 ml Olivenöl
100 ml Tafelöl
2 Lorbeerblätter
je 1 Zweig Rosmarin und Thymian
3 Knoblauchzehen
8 Pfefferkörner
5 Wacholderbeeren
3 Pimentkörner

HIBISKUSSAUCE
300 ml Hibiskussaft, ersatzweise Saft von eingelegten Cranberrys
1 l Entenfond
150 g Butter

TOPINAMBURPÜREE
500 g Topinamburen
30 ml Olivenöl
1 Zweig Rosmarin
Salz
Pfeffer
Zitronensaft zum Würzen
2 Lorbeerblätter
60 g Butter
100 g Crème fraîche
300 ml Tafelöl

DEKO
30 g Portulak
Olivenöl zum Marinieren
Salz
Zitronensaft zum Marinieren

ZUBEREITUNG

Entenkeulen abtupfen und mit Meersalz würzen. Olivenöl und Tafelöl in einer backofengeeigneten Form mit den Kräutern und Gewürzen auf 80 Grad erwärmen. Entenkeulen in das Öl einlegen und bei 120 Grad im vorgeheizten Ofen ca. 5 Stunden konfieren.

In der Zwischenzeit Hibiskussaft in einer Pfanne auf ein Drittel einreduzieren. Mit Entenfond aufgießen und erneut einreduzieren. Damit die Sauce schön sämig wird, kalte Butterflocken einschlagen (montieren).

Topinamburen schälen. Die kleinsten Topinamburen halbieren und langsam in Olivenöl weich garen. Mit Rosmarin, Salz und Pfeffer würzen, mit 30 g Butter vollenden. Restliche Topinamburen in kleine Stücke schneiden und in heißem Salzwasser mit Zitronensaft und Lorbeerblättern weich kochen. Abseihen und mit einem Stabmixer pürieren. Zur Seite stellen.

Portulak mit Olivenöl, Salz und Zitronensaft marinieren.

Fertige Entenkeulen vorsichtig aus dem Öl nehmen und mit einer leichten Drehung Knochen herauslösen. Um eine knusprige Haut zu erhalten, die Keulen kurz in einer gut erhitzten Pfanne in etwas vom Konfieröl goldbraun braten.

Währenddessen das Topinamburpüree mit restlicher Butter und Crème fraîche gut verrühren und mit Salz, Cayenne und etwas vom Konfier-Öl abschmecken.

Topinamburstücke auf das Püree setzen und mit Portulak dekorieren. Entenkeulen mit der Hibiskus-Sauce vollenden.

TIPP
Die Topinambur-Schalen nicht wegschmeißen, sie sind eine sehr schöne Deko: In einem hohen Topf Öl erhitzen und die Schalen vorsichtig darin frittieren. Aufpassen, dass sie nicht zusammenkleben. Auf Küchenpapier abtropfen lassen.

2 Stunden 15 min

Geschmorte Lammstelze mit Rosmarin-Ofen-Kartoffeln und grünen Bohnen

ZUTATEN

LAMMSTELZEN
2 Bund Suppengemüse
8 Schalotten
Tafelöl zum Anbraten
30 g Tomatenmark
250 ml Rotwein
250 ml roter Portwein
400 ml Lammfond, ersatzweise Hühnerfond
3 Lorbeerblätter
je 4 Zweige Rosmarin und Thymian
1 angedrückte Knoblauchknolle
Salz
15 Pfefferkörner
4 Lammstelzen mit Knochen à 350 g

OFENKARTOFFELN UND BOHNEN
12 kleine mehlige Kartoffeln
Olivenöl zum Würzen
4 Zweige Rosmarin
Salz
400 g grüne Bohnen
40 g Butter

ZUBEREITUNG

Für den Fond Gemüse und Schalotten grob schneiden und in einem breiten Topf mit Tafelöl scharf anbraten. 10 Minuten rösten. Tomatenmark hinzufügen, mit Rotwein und Portwein ablöschen, mit Lammfond aufgießen. Lorbeer, Kräuter, Knoblauchknolle, Salz und Pfeffer hinzufügen. Fond mindestens 10 Minuten kochen lassen. Lammstelzen hineinsetzen und den Topf mit einem Deckel oder Alufolie bedecken. 1,5 Stunden langsam schmoren.

Währenddessen Kartoffeln waschen, halbieren und ungeschält auf ein mit Backpapier belegtes Backblech setzen. Mit Olivenöl, Rosmarin und Salz würzen und bei 180 Grad im vorgeheizten Ofen 20 Minuten garen. Nach den 20 Minuten die Bohnen hinzufügen. Nach insgesamt 30 Minuten sind Kartoffel und Bohnen fertig.

Lammstelzen aus dem Sud heben, mit Bohnen und Rosmarinkartoffeln anrichten. Stelzensud abseihen, Gemüse ausdrücken, damit der Geschmack in den Sud geht. Mit Butter aufmixen, zur Stelze servieren.

1 Stunde 45 min

Kalbskotelett mit Spargel-Minz-Ragout

ZUTATEN

BEIZE
80 g Honig
Salz
Cayenne
2 EL Paprikapulver (wenn möglich geräuchertes Paprikapulver)
10 zerstoßene Pfefferkörner
5 zerdrückte Wacholderbeeren
Nadeln von 3 Rosmarinzweigen
120 ml Tafelöl

KOTELETT
4 Kalbskoteletts mit Knochen à 250 g
30 ml Olivenöl
50 g Butter
100 ml Gemüsefond

SPARGEL-MINZ-RAGOUT
10 weiße Spargelstangen
10 grüne Spargelstangen
1 Mairübe
80 g Zucker
Salz
40 ml Apfelessig
1 altbackene Semmel
Cayenne
40 ml Traubenkernöl, ersatzweise Olivenöl
Saft von 2 Zitronen
20 Blätter Minze

ZUBEREITUNG

Für die Beize des Fleisches Honig in einer Pfanne karamellisieren, mit den Gewürzen und Rosmarin kurz anschwenken und mit Öl aufgießen. Beize auskühlen lassen.

Fleisch im Kühlschrank in der Beize ziehen lassen. Optimal sind 1½ Tage, wenn es schneller gehen soll, reichen 5 Stunden.

Spargel schälen, das untere Drittel je nach Holzigkeit entfernen. Mairübe schälen und in Streifen schneiden.

In einem breiten Topf Wasser zum Kochen bringen. Zucker, Salz, Essig und die Semmel hinzufügen. Spargel darin 2-3 Minuten kochen, sodass er noch Biss hat. Grünen Spargel in Eiswasser abschrecken, so behält er seine Farbe. Spargelspitzen bei einer Länge von 3 cm abschneiden. Restlichen Spargel schräg in Stücke schneiden.

Fleisch aus der Beize nehmen, in einer Pfanne auf jeder Seite 3 Minuten in Olivenöl scharf anbraten. Butter und Gemüsefond hinzufügen, 3 Minuten schmoren lassen. Fleisch aus der Flüssigkeit heben. Im auf 200 Grad vorgeheizten Ofen ca. 4 Minuten braten. Dann ist das Fleisch perfekt medium. Wer es weiter durchgebraten haben will, lässt es 2-3 Minuten länger im Ofen. Bratflüssigkeit aufmixen, als Sauce zum Fleisch servieren.

Während das Fleisch gart, Spargelstücke und Mairübenstreifen mit Salz, Cayenne, Öl, Zitronensaft und gehackter Minze verfeinern.

40 min

Mit Liebe zum Detail

aus Liebe zu den Gästen

BERND SCHLACHERS TOP 10-CHECKLISTE FÜR EINEN GELUNGENEN RAHMEN

1 HERZLICH EINGELADEN
Ein gemeinsames Essen fängt nicht erst beim Aperitif und auch nicht beim Empfangen der Gäste an der Tür, sondern schon beim Einladen an. Je liebevoller die Einladung, desto größer die Vorfreude.

2 GETREU DEM MOTTO
Wenn ich einlade, wähle ich mir immer ein Thema, an dem ich mich bei der Gestaltung des Abends orientiere. Von der Einladung über die Dekoration bis hin zu den Speisen und Getränken ist alles darauf abgestimmt. Das sorgt für einen roten Faden und vereinfacht Entscheidungen.

3 DAS LICHT MACHT DIE STIMMUNG
Bei mir zuhause sind immer alle Lampen gedimmt und meistens stehen Kerzen auf dem Tisch. Kerzenlicht ist viel charmanter als eine Festbeleuchtung, sorgt für eine angenehme Atmosphäre und spiegelt sich wunderschön in den Gläsern.

4 FRISCH GEPFLÜCKT
Frische Blumen der Saison sind die schönsten Accessoires – von Amaryllis bis hin zu Wiesenblumen. Für mich dürfen es gerne möglichst viele und verschiedene sein, solange sie nicht beim Servieren stören oder mir die Sicht auf mein Vis-à-Vis versperren.

5 ACHTSAM MIT AROMEN UMGEHEN
Eine dezente Duftkerze im Raum kann zur Atmosphäre beitragen, intensiver Räucherstäbchenduft, der den Geruch oder gar den Geschmack des Essens übertönt, ist aber fehl am Platz.

6 ALLES AUF EINE KARTE SETZEN
Handgeschriebene oder ausgedruckte Menükarten dienen, mit den Namen der Gäste versehen, gleichzeitig als Platzkärtchen und werden gerne zur Erinnerung aufbewahrt.

7 BITTE EINPACKEN
Eine besondere Aufmerksamkeit sind kleine Geschenke, die Gäste zusätzlich zu den schönen Eindrücken vom Abend als Souvenir mit nachhause nehmen können.

8 DAS TISCHTUCH WERFEN
Nicht nur mit Tischläufern und -tüchern lassen sich Akzente setzen, auch durch ihr Weglassen. Ein schöner Holztisch mit Charakter wirkt auch ohne Überwurf.

9 AUFS GLAS GESCHAUT
Schöne Gläser sind ein besonderer Schmuck, in den es sich zu investieren lohnt – nicht unbedingt Geld, sondern auch Zeit beim Stöbern in Altwaren. Damit es nicht langweilig wird, kombiniere ich gerne alte und moderne Gläser. Die Mischung macht's!

10 GEMISCHTER GESCHIRRSATZ
Das Geschirr muss weder aus einer Serie noch aus derselben Epoche stammen. Ein mit zusammengewürfelten Tellern und Schalen gedeckter Tisch hat seinen ganz eigenen Reiz und zeigt, dass man sich etwas überlegt hat.

Nichts schmückt einen Tisch mehr als Gäste, die sich gut amüsieren. Dafür sollte die Deko unbedingt genug Platz lassen.

Florentiner mit Schokokuchen, eingelegten Feigen und Limetten-Soja-Creme

ZUTATEN

FLORENTINER
125 g Butter
125 g Sahne
125 g Zucker
35 g Honig
35 g Glucose
250 g gehobelte Mandeln
250 g Vollmilchschokolade

HASELNUSSCREME
180 g Sahne
300 g Haselnussnougat
20 g Butter
Mark von 1 Vanilleschote

SCHOKOKUCHEN
600 g 70%ige Schokolade
450 g Butter
160 g Zucker
15 Eigelb
15 Eiweiß
50 g Mehl

LIMETTEN-SOJA-CREME
250 g Sojacreme
20 g Honig
30 g Puderzucker
Limettensaft nach Geschmack

FEIGEN
500 ml Portwein
30 g Honig
Mark von 1 Vanilleschote
Saft von ½ Zitrone
8 Feigen

DEKO
essbare Blüten

ZUBEREITUNG

Für die Florentiner Butter, Sahne, Zucker, Honig und Glucose aufkochen, bis die Mischung bindet. Mandeln dazugeben, Masse auf ein Backpapier streichen und bei 200 Grad im vorgeheizten Ofen goldbraun backen. Auskühlen lassen, mit der geschmolzenen Schokolade glasieren.

Für die Haselnusscreme Sahne erhitzen, Nougat darin schmelzen. Mit einem Stabmixer gut emulgieren und Butter sowie Vanillemark untermengen. Auskühlen lassen, nochmals glattrühren und in einem Dressiersack mit glatter Tülle füllen.

Für den Schokoladen-Kuchen Schokolade mit Butter schmelzen. 110 g Zucker und Eigelb schaumig schlagen. Restlichen Zucker und Eiweiß zu festem Schnee schlagen. Schokomischung und Eigelbmischung miteinander vermengen. Unter das Eiweiß heben, Mehl unterheben. In einen Tortenring oder auf ein mit Backpapier belegtes Backblech streichen und bei 170 Grad im vorgeheizten Ofen ca. 25–30 Minuten backen (soll sehr weich sein!). Auskühlen lassen.

Alle Zutaten für die Limetten-Soja-Creme miteinander verrühren und in eine Spritzflasche füllen.

Portwein mit Honig, Vanillemark und Zitronensaft 10 Minuten einreduzieren. Topf vom Herd nehmen und die Feigen darin 5 Minuten einlegen. Feigen herausheben, Reduktion weitere 10 Minuten einreduzieren.

Eingelegte Feigen, Portweinreduktion, Florentiner, Haselnusscreme, Limetten-Soja-Creme und Schokokuchen mit Blüten als Deko anrichten.

45 min

Mottos Karottenkuchen reloaded

ZUTATEN

KAROTTENKUCHEN
3 Eier
100 g Zucker
80 g Rohrzucker
160 g Öl
3 g geriebener Ingwer
75 g gehackte Walnüsse
3 g Zimt
250 g geriebene Karotten
5 g Backpulver
3 g Natron
160 g Mehl
Zesten von 1 Zitrone
3 g Salz
Mark von 1 Vanilleschote

KAROTTENRÖLLCHEN
8 Karottenscheiben
Karotten-Läuterzucker
(1 Teil Karottensaft, 1 Teil Zucker, einmal aufgekocht) zum Einlegen

KARAMELLISIERTE WALNÜSSE
100 g Zucker
100 g Wasser
100 g Walnüsse

KAROTTENWÜRZSUD
500 ml Karottensaft
1 TL Zimt
1 EL Zucker
Zitronensaft nach Geschmack
1 geh. EL Maisstärke, mit 100 ml Wasser angerührt

GLASUR
Saft von 1 Zitrone (40 g)
200 g Puderzucker

ZUBEREITUNG

Für den Kuchen Eier, Zucker und Rohrzucker schaumig schlagen, Öl langsam einlaufen lassen. Ingwer, Nüsse, Zimt, Karotten, Backpulver, Natron, Mehl, Zesten, Salz und Vanillemark unterheben. Auf ein Backblech mit Backpapier und Rahmen füllen und bei 170 Grad im vorgeheizten Ofen 30 Minuten backen. Fertigen Kuchen auskühlen lassen.

Für die Karottenröllchen Karottenscheiben in Wasser blanchieren und in kaltem Karottenläuterzucker einlegen.

Für die karamellisierten Walnüsse Zucker und Wasser aufkochen, Walnüsse karamellisieren.

Für den Karottenwürzsud Karottensaft mit Zimt, Zucker und Zitronensaft aufkochen, mit der Stärke-Wasser-Mischung binden.

Zitronensaft und Puderzucker glattrühren. Ausgekühlten Kuchen glasieren und mit karamellisierten Walnüssen bestreuen. Mit Karottenwürzsud und Karottenröllchen servieren.

TIPP
Vanilleeis passt sehr gut dazu.

45 min

Flüssiger Schokoladenkuchen mit Waldbeereis

ZUTATEN

SCHOKOLADENKUCHEN
3 Eier
70 g Zucker
125 g Bitterkuvertüre
125 g Butter
50 g Mehl

WALDBEEREIS
250 g TK-Beerenmix
2 EL Honig
500 ml Joghurt

BEEREN-RAGOUT
250 g TK-Beerenmix
50 g Zucker
Mark von 1 Vanilleschote
Zitronensaft nach Geschmack
1 EL Maisstärke, mit 10 ml Wasser angerührt
1 Tasse Himbeeren
1 Tasse Heidelbeeren
1 Tasse Brombeeren

ZUBEREITUNG

Für das Eis Beeren mit Honig und Joghurt mit dem Stabmixer fein pürieren. Mindestens für 3 Stunden tiefkühlen, dabei öfters umrühren.

Währenddessen für den Kuchen Eier mit Zucker glattrühren. Kuvertüre mit der Butter schmelzen. Eier-Zucker-Mischung mit der Kuvertüre vermengen und das Mehl unterheben. In Ringe oder ofenfeste Formen füllen und 2 Stunden kaltstellen.

Bei 170 Grad im vorgeheizten Ofen 15 Minuten backen. Herausnehmen und mit einem Messer aus der Form schneiden. Vorsicht beim Auslösen, da der Kuchen innen flüssig ist und einreißen könnte.

Während der Kuchen bäckt, für das Ragout die Tiefkühl-Beeren in einem Topf aufkochen, mit Zucker, Vanillemark und Zitronensaft abschmecken und mit der Stärke-Wasser-Mischung andicken. Einmal kurz aufkochen. Topf vom Herd nehmen und die frischen Beeren untermengen.

30 min, ca. 3 Stunden Kühlzeit

FROM SUNSET TO SUNRISE

From the right drink for any occasion to the perfect occasion for a drink.

COCKTAILS

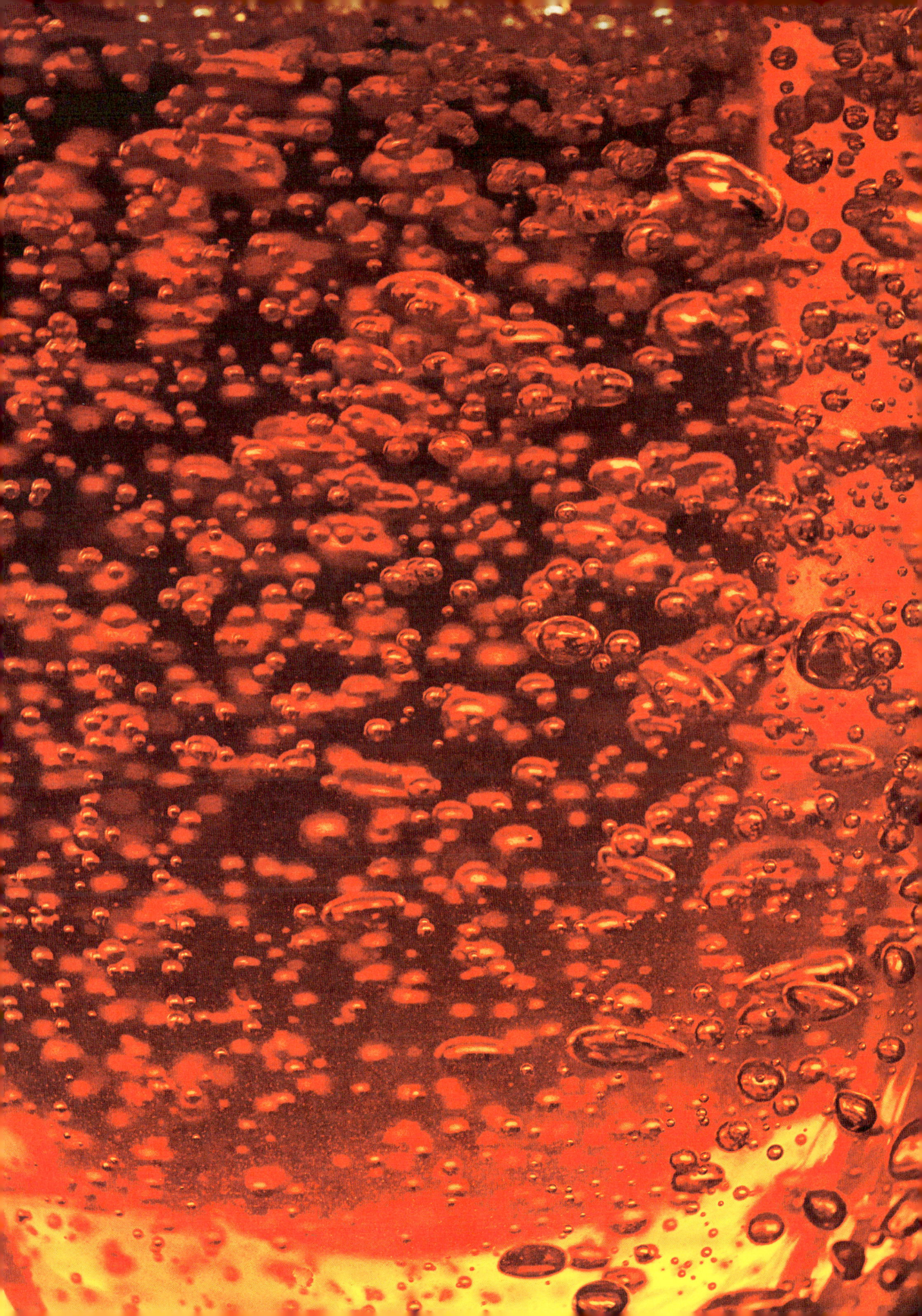

Rhabarbara-Anne

ZUTATEN

4 cl Thymian-Rhabarber-Sirup
(s. unten)
2 cl Gin
1,5 cl Grapefruitsaft
4 cl Prosecco

THYMIAN-RHABARBER-SIRUP
250 ml Wasser
150 g Zucker
350 g klein geschnittener Rhabarber
Zesten von 2 Grapefruits
Saft von 1 Grapefruit
10 Zweige Thymian (je nach gewünschtem Bitterkeitsgrad)

DEKO
Rhabarberchips
Thymian

ZUBEREITUNG

Für den Sirup alle Zutaten in einen Topf geben. Unter Rühren aufkochen. Vom Herd nehmen, sieben, Rhabarber ausdrücken, Sirup auskühlen lassen.

Für den Cocktail Sirup, Gin und Grapefruitsaft ins Glas geben, mit Prosecco aufgießen und vorsichtig umrühren. Mit Rhabarberchips und Thymian dekorieren.

Für 1 Cocktail bzw. Sirup für ca. 4 Cocktails

Tequila Smash

ZUTATEN

5 cl Tequila
3 cl Limettensaft
0,5 cl Zuckersirup
1,5 cl Honig, im Verhältnis 2:1 mit heißem Wasser angerührt
7–10 Blätter im Shaker stark angedrücktes Basilikum
Eis

DEKO
Basilikum
Limettenchips

ZUBEREITUNG

Alle Zutaten bis aufs Eis in den Cocktailshaker geben und kräftig schütteln. Durch ein Sieb in ein Glas mit Eis abseihen. Mit Basilikum und Limettenchips dekorieren.

Für 1 Cocktail

Playlist N°4

Cocktails

- ▷ 1   CARMEN MCRAE WITH THE DAVE BRUBECK QUARTET – TAKE FIVE
- ▷ 2   SARAH VAUGHAN – WHATEVER LOLA WANTS
- ▷ 3   TIMO LASSY – THE MORE I LOOK AT YOU
- ▷ 4   RE:JAZZ – WRITTEN IN THE STARS
- ▷ 5   TILL BRÖNNER – SÓ DANÇO SAMBA
- ▷ 6   DUKE PEARSON – SANDALIA DELA
- ▷ 7   FRANK SINATRA – THE GIRL FROM IPANEMA
- ▷ 8   BOBBY DARIN – THE GOOD LIFE
- ▷ 9   SARAH VAUGHAN – PETER GUNN
- ▷ 10   EARTHA KITT – LOVE FOR SALE
- ▷ 11   DINAH WASHINGTON – IS YOU IS OR IS YOU AIN'T MY BABY
- ▷ 12   MARK MURPHY – MY FAVOURITE THINGS
- ▷ 13   ELLA FITZGERALD – NIGHT AND DAY
- ▷ 14   BILLIE HOLIDAY – SPEAK LOW
- ▷ 15   HORACE SILVER – SONG FOR MY FATHER
- ▷ 16   NINA SIMONE – LOVE ME OR LEAVE ME
- ▷ 17   NORMAN BROWN – UP "N" AT 'EM
- ▷ 18   ERIC GADD – WHY DON'T YOU, WHY DON'T I
- ▷ 19   GREGORY PORTER – WIND SONG
- ▷ 20   KURT ELLING – STEPPIN' OUT

Essential quality jazziness. Beautiful vocals and musicianship from the very best performers and some of the very best songs ever made.

find the playlist on spotify
«fromsunsettosunrise» by mottoamfluss

For God's Sake

ZUTATEN

6 cl Sake
3 cl Limettensaft
1,5 cl Jasminsirup
0,5 cl Honig im Verhältnis 2:1 mit heißem Wasser angerührt
5 Blätter Basilikum

DEKO
Basilikum

ZUBEREITUNG

Alle Zutaten in den Cocktailshaker geben und kräftig schütteln. Durch ein Sieb in eine Cocktailschale abseihen. Mit Basilikum dekorieren.

Für 1 Cocktail

Brummbär

ZUTATEN

Zesten von ½ Limette, ins Glas gerieben
selbe Menge Ingwer, ins Glas gerieben
5 Brombeeren
5 cl Wodka
1,5 cl Brombeerlikör
10 cl Gingerbeer
Eis

DEKO

Limettenchips
Zitronenmelisse
Brombeeren
Limettenzesten

ZUBEREITUNG

Zesten und Ingwer ins Glas reiben. Beeren ins Glas geben und zerstampfen. Wodka und Likör dazugießen. Mit Gingerbeer aufgießen und gut umrühren, um die Früchte gleichmäßig zu verteilen. Mit Crushed Ice auffüllen. Mit Limettenchips, Zitronenmelisse und Brombeeren dekorieren, Limettenzesten darüber reiben.

Für 1 Cocktail

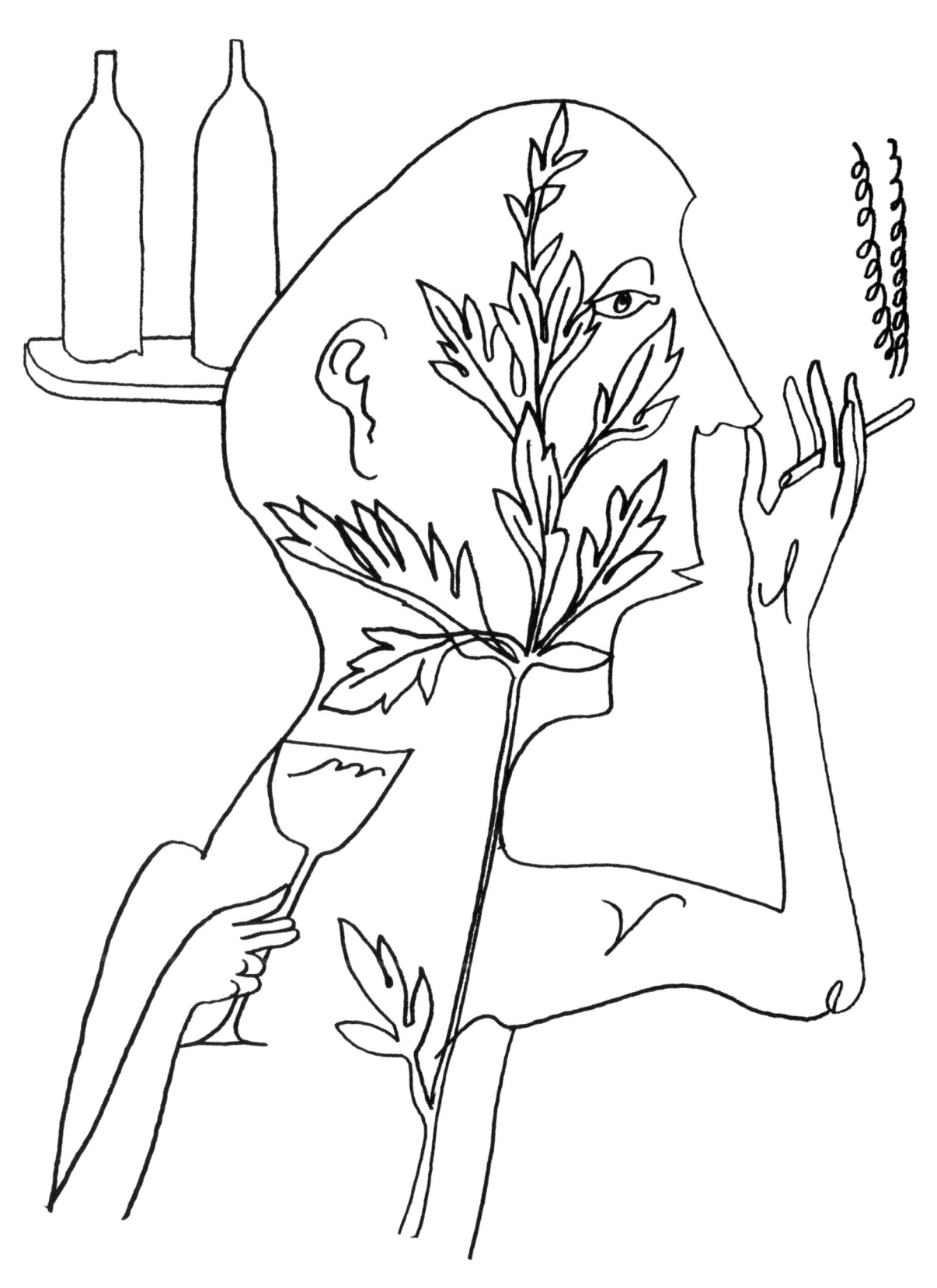

Der Absacker muss nicht aus der Weinflasche kommen. Im Winter kann es ein Whiskey sein, an einem lauen Sommerabend geht nichts über einen kleinen Schnaps oder einen guten Cocktail.

Spicy Mango

ZUTATEN

4 cl Vanille-Chili-infused Rum
(s. unten)
2 cl Mangopüree
4 cl Mangosaft
0,5 cl Vanillerohrzucker
0,5 cl Limettensaft
5 Blätter Minze
Eis

INFUSION

2 Bourbon-Vanilleschoten
3 Chilischoten (je nach
gewünschtem Schärfegrad)
700 ml dunkler Rum

DEKO

Minze
rosa Pfeffer

ZUBEREITUNG

Vanilleschoten und angeschnittene Chilischoten im dunklen Rum einlegen. Nach 24 Stunden die Chilischoten herausnehmen, die Vanilleschoten im Rum belassen.

Für den Cocktail alle Zutaten bis auf das Eis in den Shaker geben und kräftig schütteln. Durch ein Sieb in ein Glas mit Eis abseihen. Mit Crushed Ice auffüllen. Mit Minze und rosa Pfeffer dekorieren.

Für 1 Cocktail

Hot Butter Rum Punch

ZUTATEN

20 ml jamaikanischer Rum
120 ml naturtrüber Apfelsaft
1 TL Hot Buttered Rum Butter (s. unten)

HOT BUTTERED RUM BUTTER
500 g Butter
500 g brauner Zucker
1 TL Zimt
1 MS gemahlene Nelken
1 MS gemahlene Muskatnuss
15 EL Vanilleeis

DEKO
Zimtstangen
Sternanis

ZUBEREITUNG

Für die Hot Buttered Rum Butter alle Zutaten bis auf das Vanilleeis in einen Topf geben und vorsichtig erhitzen. Regelmäßig rühren, da die Butter nicht anbrennen darf! Vanilleeis zugeben und zum Schmelzen bringen. Mischung abkühlen lassen.

Für den Cocktail Rum und Apfelsaft in einem Topf oder Punschkocher erhitzen, anschließend die Butter zugeben und unter Rühren auflösen. Mit Zimtstangen und Sternanis dekorieren.

Für 1 Cocktail

Lychee Gimlet

ZUTATEN

3 Litschis
1 Scheibe Ingwer
3 cl Wodka
2 cl Litschilikör
0,5 cl Mandelsirup
1 cl Limettensaft
4 cl Litschisaft
Eis

DEKO
Litschi
Ingwer
Johannisbeeren

ZUBEREITUNG

Litschis klein geschnitten in den Shaker geben, Ingwer fein dazureiben. Alle anderen Zutaten in den Shaker auf Eis geben und gut schütteln. Mit Litschi, Ingwer und Johannisbeeren dekorieren.

Für 1 Cocktail

From superfood

in the morning

to a super mood all day.

BREAKFAST

BREAKFAST

Zucchini-Ricotta-Omelette

ZUTATEN

½ Zucchini
5 Eier
100 g Ricotta
Salz
Muskatnuss
Pfeffer
1 Fleischtomate
1 Tasse Kresse
Olivenöl zum Marinieren
Saft von ½ Zitrone

ZUBEREITUNG

Zucchini der Länge nach dünn aufschneiden oder hobeln. Eier trennen. Eiweiß zu Schnee schlagen. Eigelb mit Ricotta, Salz, Muskatnuss und Pfeffer verrühren. Eigelb-Ricotta-Masse unter das Eiweiß heben.

Zucchini in eine heiße, ofenfeste Pfanne mit Öl legen. Omelette-Masse dünn auf die Zucchini gießen. Eiermasse langsam bei reduzierter Hitze zum Stocken bringen. Mit einer Palette die eine Omelette-Hälfte auf die andere schlagen. Omelette bei 160 Grad im vorgeheizten Ofen ca. 6–8 Minuten stocken lassen.

Tomate in kleine Würfel schneiden und mit der Kresse vermengen. Mit Olivenöl, Salz, Pfeffer und Zitronensaft vermischen und über die Omelette geben.

15 min

All Day Breakfast Sandwich

ZUTATEN

1 Lollo verde
12 Speckscheiben
2 Tomaten
2 Avocados
Butter zum Braten
2 Zweige Rosmarin
8 große Scheiben Mischbrot
8 Eier
Salz
Pfeffer
8 Scheiben Kochschinken
4 Scheiben Emmentaler

JALAPEÑO-MAYONNAISE

3 Eigelb
Salz
Cayenne
Saft von ½ Zitrone
Jalapeños nach Geschmack
100 ml Sonnenblumenöl

ZUBEREITUNG

Für die Mayonnaise Eigelb mit Salz, Cayenne, Zitronensaft und feingehakten Jalapeños mit einem Schneebesen aufschlagen. Öl nach und nach einschlagen. Die Mayonnaise muss eine eher festere Konsistenz haben. Lolo verde waschen, trockentupfen oder -schleudern.

Speck langsam in einer Pfanne goldbraun braten. Im Ofen warm halten.

Tomaten in Scheiben schneiden. Avocados entkernen, Fruchtfleisch mit einem Löffel aus der Schale holen, zu einem Drittel einschneiden.

Butter zerlassen. Rosmarin und Brot hinzufügen, Brot auf beiden Seiten goldbraun rösten. Auf Küchenpapier abtropfen lassen und im Ofen warm halten.

Butter schmelzen. Eier in die Pfanne schlagen, salzen und pfeffern. Mit einer Gummispachtel sacht verrühren und langsam zum Stocken bringen.

Damit das All Day kompakt wird, in Butterbrotpapier einpacken. In folgender Reihenfolge stapeln: 1 Scheibe Brot, Lollo verde, Tomaten, 2 Scheiben Schinken, Mayonnaise, 1 Scheibe Emmentaler, Omelette, Speck, ½ Avocado, 1 Scheibe Brot. Butterpapier wie ein Geschenkpaket verschließen. Halbiert servieren.

AUCH WENN ICH SMOOTHIES UND SUPERFOODS LIEBE, NACH EINER LANGEN NACHT DARF DAS FRÜHSTÜCK RUHIG SO SCHWER SEIN WIE DIE AUGENLIDER. ZUERST WÜRSTCHEN MIT BOHNEN UND EIERSPEISE, DANN NOCH EINE STUNDE INS BETT.

BREAKFAST

Rosmarin-Salbei-Tisane mit Ingwer und Honig

ZUTATEN

Honig nach Geschmack
5–6 dünne Scheiben Ingwer
2 dünne Zweige Rosmarin
1–2 Zweige Salbei

ZUBEREITUNG

Auf einem Teller 2 Schälchen mit Ingwer und Honig herrichten. Kräuter zu einem Sträußchen binden.

Heißes Wasser in ein großes Teeglas füllen. Kräuterstrauß in das Glas stellen, Kräuter 10 Minuten ziehen lassen. Ingwer und Honig in gewünschter Menge ins Glas geben.

TIPP
Strauß nicht zu kurz binden, sonst kann man damit nicht umrühren.

10 min

BREAKFAST

Sunny Sea Side Bread mit pochiertem Ei und grünem Gemüse

ZUTATEN

12 dünne grüne Spargelstangen
Olivenöl zum Braten und Marinieren
Zitronensaft zum Würzen
Salz
16 Zuckerschoten
12 Blätter Baby-Mangold
4 Erbsenschoten
Pfeffer
150 g Frischkäse
1 Knoblauchzehe
Cayenne
Zitronenschale zum Würzen
4 Eier
Essig zum Pochieren
4 Vollkornbrotscheiben

ZUBEREITUNG

Spargel in einer heißen Pfanne mit Olivenöl ohne Farbe anbraten und mit Zitronensaft und Salz würzen. Zuckerschoten in Salzwasser blanchieren, in Eiswasser abschrecken. Zuckerschoten, Mangoldblätter und die ausgepalten frischen Erbsen mit etwas Olivenöl, Salz, Pfeffer und Zitronensaft marinieren.

Frischkäse mit fein gehacktem Knoblauch, Cayenne und Zitronenschale gut vermischen, mit Salz abschmecken.

Wasser mit Essig und Salz in einem hohen Topf fürs Pochieren zum Kochen bringen. Herd zurückschalten, sodass das Wasser nur noch wallt. Eier nacheinander pochieren: Je 1 Ei vorsichtig in eine Schüssel schlagen, der Dotter darf nicht beschädigt werden. Wasser im Uhrzeigersinn mit einem Löffel umrühren. Ei schnell hineinschütten und leicht weiterrühren, sodass das Ei in Bewegung ist. Nach 4–5 Minuten Ei aus dem Wasser holen und anrichten.

20 min

BREAKFAST

Olivenöl-Ei mit Blattspinat, Kartoffelcreme und knusprigem Speck

ZUTATEN

2 große mehlige Kartoffeln
Salz
80 g Butter
125 ml Sahne
Prise Muskatnuss
8 Scheiben Bauchspeck
1 Zweig Thymian
1 Knoblauchzehe
Olivenöl zum Bestreichen und Beträufeln
4 Eier
2 Handvoll Baby-Blattspinat
Pfeffer

ZUBEREITUNG

Kartoffeln schälen und in Salzwasser weich kochen.

60 g Butter in einer Kasserolle bräunen, mit Sahne aufgießen und mit Salz und Muskat würzen. Kartoffeln passieren und mit der Butter-Sahne verrühren.

Speck mit Thymian und angedrücktem Knoblauch knusprig braten.

Für das Olivenöl-Ei einen kleinen Behälter (z.B. eine Tasse) mit Klarsichtfolie auskleiden, mit Olivenöl bestreichen und je 1 Ei hineinschlagen. Mit Olivenöl beträufeln und dann die Folie mit Küchengarn zubinden. Eier im Päckchen in einem Wasserbad ca. 4 Minuten dämpfen.

Spinat in restlicher Butter kurz sautieren und mit Salz, Pfeffer und Muskat abschmecken.

35 min

Pita-Brot mit Guacamole und Dukka-Crumble

ZUTATEN

PITA-BROTE
4 kleine Pita-Brote
2 EL Sesamöl

GUACAMOLE
5 Avocados
Saft von 2 Zitronen
40 ml Olivenöl
Cayenne
Salz
1 Knoblauchzehe

DUKKA-CRUMBLE
75 g Haselnüsse
75 g Sesamsamen
2 EL Koriandersamen
2 EL Kreuzkümmel
1 TL grobes Meersalz
2 EL Pfeffer

ZUBEREITUNG

Für den Crumble Haselnüsse auf ein Backblech legen und 5 Minuten bei 175 Grad im vorgeheizten Ofen backen. Auf ein trockenes Geschirrtuch geben, das Geschirrtuch falten und die Nüsse mit dem Tuch reiben, um die Schalen zu entfernen. Zum Abkühlen zur Seite stellen.

Sesam in einer trockenen Pfanne bei mittlerer Hitze rösten, bis die Samen goldbraun sind. In eine mittelgroße Schüssel füllen, damit sie nicht weiterrösten. Beiseite stellen. Koriander- und Kreuzkümmelsamen in derselben Pfanne anrösten, bis sie zerplatzen, dabei mehrmals umrühren. Koriander und Kreuzkümmel in einer Küchenmaschine mit Schneidmesser oder in einer Gewürzmühle fein mahlen. Mit dem Sesam vermischen.

Die gerösteten Haselnüsse in die Küchenmaschine geben und fein mahlen. In die Schüssel mit den gerösteten Gewürzen geben. Mit Salz und Pfeffer würzen und gut vermischen.

Für die Guacamole Avocados halbieren und den Kern entfernen. Fruchtfleisch aus der Schale schaben und im Standmixer mit Zitronensaft, Öl, Cayenne und Salz zu einer feinen Creme mixen.

Pita-Brote halbieren und in der Pfanne mit Sesamöl kurz anbraten. Mit Guacamole servieren, Crumble drüber verteilen.

FROM SUNSET TO SUNRISE

Playlist N°5

▷ 1   AVERY SUNSHINE – I GOT SUNSHINE
▷ 2   BAJKA – THE BEAVER'S LESSON (MOP MOP JAMAICA REMIX)
▷ 3   AL JARREAU – MORNIN'
▷ 4   OMAR – IN THE MORNING
▷ 5   QUANTIC & NICKODEMUS – MI SWING ES TROPICAL
▷ 6   BRENDA BOYKIN – HARD SWING TRAVELLIN' MAN
▷ 7   THE DYNAMICS – LAY LADY LAY
▷ 8   JORGE BEN – TAKE IT EASY MY BROTHER CHARLES
▷ 9   MARVIN GAYE – SUNNY
▷ 10   AMY WINEHOUSE – VALERIE ('68 VERSION)
▷ 11   MICHAEL BUBLÉ – NOBODY BUT ME
▷ 12   PETITE MELLER – BACKPACK
▷ 13   MF ROBOTS – COME ON WITH THE GOOD THING
▷ 14   SHAUN ESCOFFERY – DAYS LIKE THIS
▷ 15   SERGE GAINSBOURG – COULEUR CAFÉ
▷ 16   BO SARIS – SHE'S ON FIRE
▷ 17   BENNSON – WHATEVER IT IS
▷ 18   BIBIO – LOVER'S CARVINGS
▷ 19   BINDER & KRIEGLSTEIN – DADDY
▷ 20   LORD ECHO – THINKING OF YOU

Bright and cheerful music, upbeat and very smiley. Good start to the day with happy vibes.

find the playlist on spotify
« fromsunsettosunrise » by mottoamfluss

BREAKFAST

Süße Quinoa mit frischen Früchten und Pecannüssen

ZUTATEN

200 g Quinoa
150 g frische Früchte nach Saison
30 Blätter Zitronenmelisse
60 g Pecannüsse
100 ml frisch gepresster Orangensaft
30 g getrocknete Berberitzen
Mark von ½ Vanilleschote
fein geschnittene Minze
2 EL Ahornsirup
2 EL Waldhonig

ZUBEREITUNG

Quinoa in kochendem Wasser 15 Minuten kochen.

Währenddessen Früchte und Zitronenmelisse schneiden, Pecannüsse rösten und hacken.

Quinoa abseihen und mit Früchten, Zitronenmelisse, Pecannüssen, Orangensaft und Berberitzen vermischen. Mit fein geschnittener Minze und Vanillemark vermischen. Mit Ahornsirup und Honig beträufeln.

15 min

Pancakes mit Himbeer-Schoko-Ganache und Erdbeer-Basilikum-Ragout

ZUTATEN

PANCAKES
150 g Mehl
1 Prise Salz
2 TL Backpulver
300 ml Milch
2 EL flüssiger Honig
2 Eier
Mark von 1 Vanilleschote
20 g braune Butter
Butter zum Braten

ERDBEER-BASILIKUM-RAGOUT
250 g Erdbeeren
Butter zum Braten
8 Blätter Basilikum
70 ml Ahornsirup

HIMBEER-SCHOKOLADEN-GANACHE
150 ml Sahne
100 g TK-Himbeeren
250 g Zartbitter-Kochschokolade
50 g geröstete, grob gemahlene Haselnüsse

ZUBEREITUNG

Für den Teig Mehl, Salz und Backpulver vermengen und mit Milch, Honig und Eiern zu einem glatten Teig rühren. Vanillemark dazugeben und nochmals vermengen, langsam die braune Butter einlaufen lassen.

Für das Erdbeer-Basilikum-Ragout Erdbeeren halbieren und das Grün entfernen. Erdbeeren in einer Pfanne anrösten, gerissenes Basilikum zugeben und mit Ahornsirup ablöschen.

Für die Ganache Sahne und TK-Himbeeren einmal aufkochen und fein mit einem Stabmixer mixen. Kochschokolade zerkleinern und in die gemixte Himbeermasse einrühren, glattrühren und mit gerösteten grob gemahlenen Haselnüssen vermengen.

Etwas Butter in einer (am besten beschichteten) Pfanne erhitzen, mit einem Esslöffel etwas Teig hineingeben und jeweils 1–2 Minuten pro Seite goldbraun backen. Wenden und auch auf der anderen Seite 1–2 Minuten goldbraun fertig backen. So portionsweise alle Pancakes backen und nach Belieben warmhalten (im Ofen bei 80 Grad), bis der Teig aufgebraucht ist.

20 min

BREAKFAST

Schaffrischkäse mit Chiasamen und frischen Früchten

ZUTATEN

70 g Chiasamen
250 g frisch gepresster Orangensaft
50 ml naturtrüber Apfelsaft
350 g Schaffrischkäse
100 g griechischer Joghurt
Zesten von 1 Orange
2 EL Agavensirup
Limettensaft nach Geschmack
50 g Honig

DEKO
Heidelbeeren
Himbeeren
Johannisbeeren

ZUBEREITUNG

Chiasamen 5 Minuten in Orangensaft weich kochen. Apfelsaft einreduzieren und kalt werden lassen.

Alle Zutaten vermengen und in Gläser füllen. 2 Stunden im Kühlschrank ziehen lassen. Mit Beeren dekorieren.

15 min, 2 Stunden Kühlzeit

Gesundes Kinderfrühstück

ZUTATEN

TEIG
1 Ei
75 g Mehl
1 TL Backpulver
150 ml Milch
1 EL flüssiger Honig
1 Prise Salz
8 Heidelbeeren
Butter zum Braten

MASCARPONECREME
100 g Mascarpone
Mark von ½ Vanilleschote
1 EL Honig
1 EL Ahornsirup

ZUM DEKORIEREN
4 Erdbeeren
4 Himbeeren
1 Banane
Minzblättchen
40 g Mandelblättchen

ZUBEREITUNG

Ei trennen und Eiweiß kaltstellen. Mehl, Backpulver, Milch, Honig und Eigelb glattrühren und ca. 15 Minuten ruhen lassen. Eiweiß mit Salz steif schlagen. Heidelbeeren waschen, gut abtropfen lassen und mit dem Eischnee unter den Teig heben. Etwas Butter in einer (am besten beschichteten) Pfanne erhitzen, mit einem Esslöffel etwas Teig hineingeben und 1-2 Minuten auf einer Seite goldbraun backen. Wenden und auch auf der anderen Seite 1-2 Minuten goldbraun fertig backen. Auf diese Weise alle Pancakes einzeln backen und nach Wunsch warmhalten (im Ofen bei 80 °C), bis der Teig aufgebraucht ist.

Mascarpone in einer Schüssel mit Vanillemark, Honig und Ahornsirup glattrühren.

Erdbeeren und Himbeeren waschen, gut abtropfen lassen. Erdbeeren halbieren. Pancake mit Früchten, Beeren und Mandelblättchen dekorieren, sodass ein Eulen-Motiv entsteht. Die Mascarponecreme dazu servieren.

20 min

BREAKFAST

Griechischer Joghurt mit frischen Früchten und Motto-Granola

ZUTATEN

MOTTO-GRANOLA
für 10 Portionen
50 g Haselnüsse
50 g Walnüsse
50 g Macadamianüsse
100 g Kürbiskerne
100 g Kürbiskernöl
50 g Trockenfrüchte
20 g Berberitzen
20 g Gojibeeren
25 g Honig
100 g brauner Zucker

JOGHURT
für 1 Portion
100 g griechischer Joghurt
50 g Granola
frische Früchte nach Saison
30 g Ahornsirup
Zitronensaft zum Beträufeln
20 Blätter Minze

ZUBEREITUNG

Für das Granola alle Zutaten vermischen, auf Backpapier gut verteilen. Papier auf ein Backblech legen, Granola im vorgeheizten Ofen bei 170 Grad 10 Minuten backen. Anschließend bei 180 Grad 10 Minuten karamellisieren. Über Nacht bei Zimmertemperatur auskühlen lassen. Am nächsten Tag leicht im Mörser zerstoßen.

Joghurt mit Granola und frischen Früchten anrichten, mit Ahornsirup und Zitronensaft beträufeln, mit Minze garnieren.

Rezept für 1 bzw. 10 Personen
20 min, 8 Stunden Auskühlzeit

Waldbeer-Smoothie-Bowl mit Erdnussbutter

ZUTATEN

1 Banane
100 g TK-Brombeeren
20 g TK-Himbeeren
40 g gekochte rote Rüben
10 g Erdnussbutter
20 Blätter Minze
¼ Mango
3 EL Agavensirup

DEKO

Granola (s. S. 198)
Brombeeren
Puderzucker

ZUBEREITUNG

Banane schälen und kleinschneiden. Alle Zutaten in einen Standmixer geben und sehr fein mixen. Mit Granola bestreuen, mit Beeren dekorieren und mit Puderzucker bestreuen.

Rezept für 1 Bowl
10 min

BREAKFAST

Nougatcreme

ZUTATEN

40 ml Wasser
175 g Zucker
500 ml Sahne
5 g Pektin
120 g 70%ige Schokolade
40 g Praliné-Masse
(im Konditoreibedarf erhältlich)

ZUBEREITUNG

Wasser mit 150 g Zucker zu Karamell kochen, mit 250 ml Sahne ablöschen. Pektin mit restlichem Zucker mischen und einrühren. Wieder zum Kochen bringen. Die restliche Sahne einrühren und wieder zum Kochen bringen. Von der Flamme nehmen, gehackte Schokolade und gehackte Praliné-Masse einrühren.

Aprikosenmarmelade

ZUTATEN

1 kg entsteinte Aprikosen
1 Zitrone
500 g Gelierzucker 3:1
5 Zweige Rosmarin

ZUBEREITUNG

Aprikosen würfelig schneiden. Zitrone heiß waschen, Zesten abschälen, Saft auspressen. Rosmarinnadeln zupfen und hacken. Aprikosenstücke mit Zitronenzesten, Zitronensaft und Gelierzucker in einem großen Topf vermischen. 3 Stunden ziehen lassen.

Hälfte der Mischung in einen anderen Topf geben, mit dem Stabmixer pürieren. Wieder zurück zu der anderen Hälfte geben. Aprikosen-Zucker-Mischung aufkochen und 5 Minuten sprudelnd kochen lassen, dabei immer wieder umrühren.

Währenddessen Gläser sterilisieren.

Einen Teelöffel der heißen Marmelade auf einen Teller geben und prüfen, ob die Masse fest wird; wenn dies nicht der Fall ist, weitere 2 Minuten kochen und die Gelierprobe wiederholen. Marmelade in die Gläser füllen. Verschließen und für 5 Minuten auf den „Kopf" stellen (Achtung: heiß!). Wieder umdrehen und auskühlen lassen.

FROM SUNSET TO SUNRISE

Welcome

Aboard!

DAS MOTTO AM FLUSS

Das *Motto am Fluss* steht für Weltoffenheit, persönlichen Service und eine moderne Küche, die in Österreich verankert und von internationalen Einflüssen geprägt ist. Als pulsierendes Zentrum des Geschehens und Erholungsinsel inmitten der Stadt bereichert das Café und Restaurant seit 2010 die Anlegestelle des Twin-City-Liners am Ufer des Wiener Donaukanals. Auf zwei Decks haben hier Bernd Schlacher und seine Crew mit viel Liebe zum Detail eine kosmopolitische und zugleich familiäre Atmosphäre geschaffen, in der sich Heim- und Fernweh gleichermaßen stillen lassen.

LEUCHTTURM DER LÄSSIGKEIT

Im Untergeschoss lädt das im venezianischen Stil der 50er Jahre gestaltete Restaurant mit seinen Fenstertischen und bequemen Loungemöbeln mittags und abends zum Verweilen in eleganter Wohnzimmer-Atmosphäre ein. Im hellen Café mit großzügiger Sonnenterasse auf dem Oberdeck geht es vom Frühstück bis zum Sundowner ganz entspannt zu. Dafür sorgen neben hausgemachten Getränken und leichten, gesunden Bistro-Speisen nicht zuletzt die Live-Sounds wechselnder DJs.

HEIMATHAFEN FÜR GENUSSMENSCHEN

Frische Lebensmittel aus kontrolliert biologischem Anbau und Produkte von regionalen Partnern bilden die Zutaten für Martin Zeißls lässige, international geprägte Österreich-Küche auf Hauben-Niveau und die Süßspeisen aus der hauseigenen Patisserie. Auf der regelmäßig aktualisierten Karte mischen sich zeitlose Klassiker unter ausgefallene, moderne Kreationen und eine Hauptmahlzeit geht fließend in die nächste über. Das gilt für den Feierabenddrink, der bei gelöster Stimmung und Krawatte in ein gemütliches Abendessen mündet, genauso wie für das spontane Mittagessen mit Kaffee und Cookies im Schlepptau, zu dem sich so manches Frühstück ausdehnt.

Martin Zeißl

„Aus einfachen, guten Zutaten das Maximum herausholen", lautet die oberste Maxime von Küchenchef Martin Zeißl. Seit 2014 hat der gebürtige Niederösterreicher in der *Motto-am-Fluss*-Küche das Steuer in der Hand und setzt mit viel Liebe zum Produkt Bernd Schlachers Vision von einem entspannten Gastronomieerlebnis auf hohem Niveau um. Nicht nur in Sachen Qualitätsbewusstsein, auch was Natürlichkeit und Nachhaltigkeit betrifft liegen beide auf der gleichen Wellenlänge. Das Ergebnis: eine lässige österreichisch-mediterrane Küche ohne übertriebenes Chichi, mit dem Besten, was die Region und der Süden zu bieten haben.

AUF DIREKTEM WEG IN DIE KÜCHE

Einen Plan B hat Martin Zeißl nie gebraucht. In der Küche ist der heutige Head Chef bereits zuhause, seit er als Jugendlicher den ersten Fuß in jene von Leinfellners Dorfwirtshaus gesetzt hat. Auf die traditionellen österreichischen Klassiker aus seiner dortigen Lehrzeit greift er bis heute immer wieder gerne zurück – sei es, um den beliebten Zwiebelrostbraten rosa gebraten neu zu interpretieren oder mit seinem Paprikahendl mit Butternockerln Omas Spezialität Konkurrenz zu machen.

Seine zweite kulinarische Heimat hat Martin Zeißl über Stationen wie den Wiener Restaurants Fabios und Settimo Cielo und das Südtiroler Hotel Prokolus in Italien gefunden. Die unterwegs gesammelte Erfahrung mit der mediterranen Küche und ihren hochwertigen Produkten kommt heute unter anderem den raffinierten Pastagerichten und Risotti im *Motto am Fluss* zugute. Hier angekommen ist der ausgebildete Küchenmeister und Global Master übrigens durch einen glücklichen Zufall. Eigentlich wollte der damals frischgebackene Vater in seiner Karriere einen Gang herunterschalten und heuerte über die Empfehlung eines Kollegen zunächst als Souschef im Restaurant am Donaukanal an. Es dauerte kein halbes Jahr, bis ihn erneut der Ehrgeiz packte und Bernd Schlacher mit ihm seinen neuen Küchenchef gefunden hatte.

GERICHTE INSPIRIERT VON IHREN ZUTATEN

Im *Motto am Fluss* stehen die Grundprodukte uneingeschränkt im Mittelpunkt. Auf abgehobenes Chichi, das von diesen ablenken könnte, wird auf dem Teller bewusst verzichtet. Lebensmittel aus kontrolliert biologischem Anbau und Produkte von regionalen Partnern und fair entlohnten Produzenten bilden nicht nur die wichtigsten Zutaten für die frischen, gesunden Gerichte im Café und Restaurant, sie sind auch die größte Inspirationsquelle für Martin Zeißl. Die besten Ideen für eine neue Karte kommen dem gebürtigen Wimpassinger auf dem Markt, beim Spazieren im Wald, vor allem aber dann, wenn er die Bauern und Lieferanten besucht, mit denen er eng zusammenarbeitet. Viele der Partner, die seine Küche inzwischen regelmäßig beliefern, hat Martin Zeißl auf Streifzügen durch die Region selbst ausfindig gemacht. Ein nicht unbeträchtlicher Aufwand für den Leiter der 25-köpfigen Küchenbrigade, aber einer, der sich in jedem Fall lohnt: Für Martin und seine Köche, die im Austausch mit engagierten Landwirten auf spannende Sortenraritäten und einzigartige Produkte stoßen, wie für die Gäste, die den unverfälschten Geschmack hochwertiger Lebensmittel immer wieder neu entdecken.

Dass Stammgäste einem liebgewonnenen Gericht oft regelrecht nachtrauern, wenn nach sechs bis sieben Wochen die Karte wechselt, ist für Bernd Schlacher und Martin Zeißl die schönste Bestätigung für die Linie, die sie gewählt haben. Stehenbleiben kommt für das eingespielte Team trotzdem nicht in Frage. Lieber überraschen sie die Gäste im *Motto am Fluss* weiterhin mit einem gekonnten Wechselspiel aus zeitlosen Klassikern und kreativen Gerichten, inspiriert von den besten Zutaten.

Meine Köche gehen für mich vor – sie sind meine zweite kleine Familie. Ohne die Unterstützung meines Teams wäre ich nicht, wo ich heute bin, und auch dieses Kochbuch wäre nicht möglich geworden.

—Martin Zeissl

Danksagung Bernd Schlacher

Ein Lokal betreibt man nicht im Alleingang und auch ein Buch ist kein Soloprojekt. Hinter beidem stecken viele engagierte Menschen, die Anteil am Ergebnis nehmen und bei denen ich mich bedanken möchte.

Ein großes Danke gilt meinem Team, das 365 Tage im Jahr unermüdlich sein Bestes gibt, um unsere Gäste zufriedenzustellen. Ganz besonders danke ich Martin Zeißl für die großartige Führung unseres Küchenteams und seine Leidenschaft, mit der er dieses Projekt vorangetrieben hat und die er seit jeher ins *Motto am Fluss* einfließen lässt. Ich bin dankbar für meine Familie, die mich stets unterstützt und mir den nötigen Freiraum für meine Passion lässt.

Vielen Dank an den Brandstätter Verlag für die gute Zusammenarbeit und engagierte Begleitung des Projekts. Weiterer Dank gilt Brigitte Kühberger für die liebevoll gewählte Dekoration sowie Inge Prader, der es mit vollem Einsatz und viel Gespür gelungen ist, neben unseren Gerichten das Lebensgefühl bei uns an Bord einzufangen. Ich danke dem Team von seite zwei für die tolle Zusammenarbeit und die Liebe zum Detail bei der Gestaltung dieses Buches. Nicht zuletzt möchte ich mich bei allen Lieferanten bedanken, die uns mit den besten Produkten versorgen und damit zum Aufbruch zu immer neuen kulinarischen Ufern inspirieren.

Unsere Partner

BEINSCHINKEN
Thum thum-schinken.at

BIO-BIER
Ottakringer ottakringerbrauerei.at

BROT
Öfferl oefferl.bio

BUTTER UND KÄSE
Bregenzerwälder Sennerei alpenkaese.at
Stephan Gruber und Barbara van Melle vielfalt.co

FLEISCH
Höllerschmid hoellerschmid.at

GEMÜSE
Michael Bauer

KAFFEE
Alt Wien altwien.at

KÄSESPEZIALITÄTEN
Pöhl am Naschmarkt poehl.at

MINERALWASSER
Vöslauer voeslauer.at

OLIVENÖL
Margit & Richard Schweger noanoliveoil.com

WEIN
Judith Beck weingut-beck.at

Das Team

HERAUSGEBER
Bernd Schlacher zählt zu den Top-Gastronomen Österreichs. Mit 20 Jahren begann er als Kellner im Restaurant Wiener, ging später für ein Jahr als Hotelmanager nach Jamaika und übernahm 1991 das *Motto,* das er zum Wiener Kult-Restaurant machte. Das 2010 von ihm zum Leben erweckte *Motto am Fluss* bildet heute das Herzstück seiner Restaurant-Familie.

REZEPTE
Martin Zeißl stammt aus Neunkirchen in der Semmering-Gegend und hat früh begonnen, auf hohem Niveau zu arbeiten: Schon mit 18 Jahren wechselte er von Leni's Dorfwirtshaus zum Restaurant Fabios. Heute zeigt er im *Motto am Fluss* täglich, was man unter entspannter Top-Küche versteht.

FOTOGRAFIE
Inge Prader lebt und arbeitet seit 1980 in Wien. Sie etablierte sich innerhalb kürzester Zeit als Mode- und hochgeschätzte Porträtfotografin bekannter Persönlichkeiten aus Film, Mode, Kunst und Kultur. Seit vielen Jahren ist sie für renommierte internationale Magazine und Werbeagenturen tätig.

LEKTORAT
Else Rieger ist deutsche Wahlwienerin und schätzt an Kochbüchern unter anderem die Herausforderung, Wissen und Handlungsanweisungen bestmöglich in Worte und Bilder zu kleiden.

SET-STYLING
Brigitte Kühberger wurde während ihrer langjährigen Tätigkeit als Eventmanagerin oft auch für Bühnendesign und Eventdekoration gebucht. Seit 2009 setzt sie nicht nur ihre Kreativität und ihr Knowhow für Styling und Set-Design ein, sondern stellt sich mit viel Liebe zum Detail ihrer beruflichen Herausforderung als Interior-Designerin.

TEXTE
Sarah Krobath wurde in der Steiermark geboren, hat in Wien Werbung studiert und an der Slow-Food-Universität im Piemont von Landwirten, Produzenten und Gastronomen aus der ganzen Welt gelernt. Als freie Texterin und Redakteurin schreibt sie kulinarische Geschichten, die den Appetit und zum Denken anregen sollen.
www.sattgetextet.com

SEITE ZWEI
seite zwei ist ein Branding- und Designbureau aus Wien und wurde 2011 gegründet. Das Team rund um Stefan Mayer, Christian Begusch und Christoph Schörkhuber entwickelt und begeistert sich für innovative Gestaltung für Marken, Produkte und Institutionen im kommerziellen und kulturellen Bereich.
www.seitezwei.com

Register

A
176 ALL DAY BREAKFAST SANDWICH
204 APRIKOSENMARMELADE

B
79 BEEF TATAR
160 BRUMMBÄR
80 BÜFFELMOZZARELLA MIT BOHNEN-SALBEI-GEMÜSE UND GETROCKNETEN TOMATEN
166 BUTTER RUM PUNCH

C
30 CHEESECAKE

E
184 EI MIT OLIVENÖL, BLATTSPINAT, KARTOFFELCREME UND KNUSPRIGEM SPECK
95 EI, GEBACKEN, MIT AUSTERNPILZEN UND CAESAR DRESSING
127 ENTENKEULE, KONFIERT, MIT TOPINAMBUR-PÜREE UND HIBISKUS-SAUCE
70 ERDBEER-ZITRONEN-LIMONADE

F
67 FILET MIT GEGRILLTEM FENCHEL, BLATTSPINAT UND JOGHURTDIP
20 FLAMMKUCHEN MIT MANDELCREME UND GLASIERTEN ÄPFELN
138 FLORENTINER MIT SCHOKOKUCHEN, EINGELEGTEN FEIGEN UND LIMETTEN-SOJA-CREME
120 FLUSS(KREBSESSEN)
143 FLÜSSIGER SCHOKOLADENKUCHEN MIT WALDBEEREIS
158 FOR GOD'S SAKE
106 FORELLENFILET, HAUSGERÄUCHERT, MIT EINGELEGTEM CHICORÉE UND SALZMANDELN

G
95 GEBACKENES EI MIT AUSTERNPILZEN UND CAESAR DRESSING
133 GESCHMORTE LAMMSTELZE MIT ROSMARIN-OFEN-KARTOFFELN UND GRÜNEN BOHNEN
197 GESUNDES KINDERFRÜHSTÜCK
198 GRIECHISCHER JOGHURT MIT FRISCHEN FRÜCHTEN UND MOTTO-GRANOLA

H
106 HAUSGERÄUCHERTES FORELLENFILET MIT EINGELEGTEM CHICORÉE UND SALZMANDELN
68 HIBISKUS-ROSEN-LIMONADE
166 HOT BUTTER RUM PUNCH
58 HÜHNERSPIESSE MIT GURKEN-ZAZIKI-WRAPS UND BASILIKUM-TOMATEN-SALSA

I
68 INGWER-ZITRONEN-LIMONADE

K
134 KALBSKOTELETT MIT SPARGEL-MINZ-RAGOUT
140 KAROTTENKUCHEN
29 KEY LIME PIE, VEGAN, MIT LIMETTEN UND BROMBEEREN
197 KINDERFRÜHSTÜCK
118 KNUSPRIGER OKTOPUS MIT WEISSER BOHNENCREME, LARDO UND FRÜHLINGSZWIEBELN
79 KNUSPRIGES BEEF TATAR
127 KONFIERTE ENTENKEULE MIT TOPINAMBUR-PÜREE UND HIBISKUS-SAUCE
181 KRÄUTERTEE MIT INGWER UND HONIG

L
124 LACHSFORELLENFILET MIT ZWEIERLEI SELLERIE UND SCHNEEKRABBEN
133 LAMMSTELZE, GESCHMORT, MIT ROSMARIN-OFEN-KARTOFFELN UND GRÜNEN BOHNEN
90 LAUWARMER LINSENSALAT MIT BIERRETTICH, ZUCKERSCHOTEN UND ZITRONENJOGHURT

REGISTER

22 LEMONTARTELETTES
112 LINGUINE MIT SALSICCIA, PORTWEIN-SCHALOTTEN UND GETROCKNETEN TOMATEN
169 LYCHEE GIMLET

M

108 MEERESFRÜCHTE-MINESTRONE
120 MOTTO AM FLUSS (KREBSESSEN)
140 MOTTOS KAROTTENKUCHEN RELOADED
52 MOTTO-TARTE MIT GRÜNEM SPARGEL UND ZIEGENRICOTTA
38 MÜSLIRIEGEL, VEGAN

N

204 NOUGATCREME
36 NUDE CAKE

O

51 OFENSÜSSKARTOFFELN MIT FEIGEN
118 OKTOPUS, KNUSPRIG, MIT WEISSER BOHNEN-CREME, LARDO UND FRÜHLINGSZWIEBELN
184 OLIVENÖL-EI MIT BLATTSPINAT, KARTOFFEL-CREME UND KNUSPRIGEM SPECK

P

192 PANCAKES MIT HIMBEER-SCHOKO-GANACHE UND ERDBEER-BASILIKUM-RAGOUT
92 PASTINAKENSUPPE MIT LAMMPOLPETTI UND MACADAMIANUSSÖL
187 PITA-BROT MIT GUACAMOLE UND DUKKA-CRUMBLE
70 PRETTY IN PINK

Q

191 QUINOA MIT FRISCHEN FRÜCHTEN UND PECANNÜSSEN

R

96 REISNUDELSALAT MIT BREITEN BOHNEN, MELONE UND FELDGURKEN
151 RHABARBARA-ANNE
111 RISOTTO MIT JAKOBSMUSCHELN
99 ROASTBEEF MIT STEINPILZEN, ROMANA-SALAT UND SESAMCREME
181 ROSMARIN-SALBEI-TISANE MIT INGWER UND HONIG
60 ROTE-RÜBEN-BURGER, VEGAN, MIT SÜSSKARTOFFEL-CHIPS

S

111 SALBEI-INGWER-RISOTTO MIT JAKOBS-MUSCHELN
194 SCHAFFRISCHKÄSE MIT CHIASAMEN UND FRISCHEN FRÜCHTEN
26 SCHLACHERTORTE
82 SCHNITZELPRALINEN
143 SCHOKOLADENKUCHEN, FLÜSSIG, MIT WALDBEEREIS
67 SCHWEINEFILET MIT GEGRILLTEM FENCHEL, BLATTSPINAT UND JOGHURTDIP
89 SPARGEL, GEGRILLT, MIT RÖMERSALAT UND BOZNER SAUCE
165 SPICY MANGO
57 STEAKSANDWICH MIT MOTTO-KETCHUP UND HOMEMADE WEDGES
182 SUNNY SEA SIDE BREAD MIT POCHIERTEM EI UND GRÜNEM GEMÜSE
191 SÜSSE QUINOA MIT FRISCHEN FRÜCHTEN UND PECANNÜSSEN
123 SÜSSKARTOFFELGNOCCHI MIT ZIEGENKÄSE, CASHEWKERNEN UND BABYSPINAT

T

52 TARTE MIT GRÜNEM SPARGEL UND ZIEGENRICOTTA
152 TEQUILA SMASH

V

29 VEGANE KEY LIME PIE MIT LIMETTEN UND BROMBEEREN
38 VEGANER MÜSLIRIEGEL
60 VEGANER ROTER-RÜBEN-BURGER MIT SÜSSKARTOFFEL-CHIPS

W

202 WALDBEER-SMOOTHIE-BOWL MIT ERDNUSSBUTTER
100 WIESENKRÄUTERSALAT MIT HOKKAIDO-KÜRBIS, EINGELEGTEN SCHALOTTEN UND APFELDRESSING

Z

174 ZUCCHINI-RICOTTA-OMELETTE
89 ZWEIERLEI GEGRILLTER SPARGEL MIT RÖMERSALAT UND BOZNER SAUCE
40 ZWETSCHKEN-PIE

HINWEISE ZU DEN REZEPTEN

Die Zeitangaben bei den Rezepten sind als ungefähre Richtwerte zu verstehen.
Das Symbol ⅄ zeigt die Zahl der Personen, für die das jeweilige Rezept berechnet ist.
Alle Backtemperaturen beziehen sich auf Ober-/Unterhitze.
Eier wurden, soweit nicht anders angegeben, in Größe M verwendet.

Impressum

HERAUSGEBER
Bernd Schlacher

REZEPTE
Martin Zeißl

FOTOGRAFIE
Inge Prader

KONZEPT & GESTALTUNG
seite zwei – Stefan Mayer,
Christian Begusch,
Christoph Schörkhuber

ILLUSTRATIONEN
David Schiesser

TEXTE
Sarah Krobath

SETSTYLING
Brigitte Kühberger

LEKTORAT
Else Rieger

PROJEKTLEITUNG MOTTO GROUP
Thomas Storch

PROJEKTLEITUNG BRANDSTÄTTER VERLAG
Stefanie Neuhart

Vielen Dank an unsere Partner, die für die Shootings
Produkte zur Verfügung gestellt haben:
Gläser: Lobmeyer Wien, 1010, Kärntnerstraße 26
Geschirr: Feine Dinge, 1040 Wien, Margaretenstraße 35
Stoffe: Agentur Victoria Schoeller-Szüts, Designers Guild
Österreich, 1010 Wien, Börsegasse 10

BIBLIOGRAFISCHE INFORMATION DER
DEUTSCHEN NATIONAL-BIBLIOTHEK

DIE DEUTSCHE NATIONALBIBLIOTHEK VERZEICHNET DIESE PUBLIKATION IN DER DEUTSCHEN NATIONALBIBLIOGRAFIE; DETAILLIERTE BIBLIOGRAFISCHE DATEN SIND IM INTERNET ÜBER HTTP://DNB.D-NB.DE ABRUFBAR.

1. AUFLAGE
COPYRIGHT © 2017
BY CHRISTIAN BRANDSTÄTTER VERLAG, WIEN

ALLE RECHTE, AUCH DIE DES AUSZUGSWEISEN ABDRUCKS ODER DER REPRODUKTION EINER ABBILDUNG, SIND VORBEHALTEN. DAS WERK EINSCHLIESSLICH ALLER SEINER TEILE IST URHEBERRECHTLICH GESCHÜTZT. JEDE VERWERTUNG OHNE ZUSTIMMUNG DES VERLAGES IST UNZULÄSSIG. DIES GILT INSBESONDERE FÜR VERVIELFÄLTIGUNGEN, ÜBERSETZUNGEN, MIKROVERFILMUNGEN UND DIE EINSPEICHERUNG UND VERARBEITUNG IN ELEKTRONISCHEN SYSTEMEN.

ISBN 978-3-7106-0107-1
DESIGNED IN AUSTRIA, PRINTED IN THE EU

CHRISTIAN BRANDSTÄTTER VERLAG
GMBH & CO KG
A-1080 WIEN, WICKENBURGGASSE 26
TELEFON: (+43-1) 512 15 43-0
TELEFAX: (+43-1) 512 15 43-231
E-MAIL: INFO@BRANDSTAETTERVERLAG.COM
WWW.BRANDSTAETTERVERLAG.COM